ADAC

Roadtrips

Mecklenburg-Vorpommern mit Ostseeküste

von Katja Gartz

ZWISCHEN MEER UND BODDEN ab S. 84

Etappe 1
Güstrow – Dierhagen

Etappe 2
Dierhagen – Wieck

Etappe 3
Wieck – Stralsund

LÄNDLICH, URBAN UND MARITIM

ab S. 58

Etappe 1
Zarrentin – Boltenhagen

Etappe 2
Boltenhagen – Kühlungsborn

Etappe 3
Kühlungsborn – Rostock

INS LAND DER TAUSEND SEEN

ab S. 30

Etappe 1
Neustadt-Glewe – Waren

Etappe 2
Waren – Stavenhagen

Etappe 3
Stavenhagen – Carwitz

Mecklenburg-Vorpommern

HÜGELIGE WEITEN UND KREIDEFELSEN

ab S. 134

Etappe 1
Waren – Stralsund

Etappe 2
Stralsund – Prora

Etappe 3
Prora – Schaprode

KAISERBÄDER UND GUTSHÄUSER

ab S. 108

Etappe 1
Stralsund – Zinnowitz

Etappe 2
Zinnowitz – Ahlbeck

Etappe 3
Ahlbeck – Güstrow

Seite 160

Eine Kastanienallee im Frühling: So schön kann die Fahrt nach Schaprode auf der Insel Rügen sein.

Inhalt

Es geht los!

Unterwegs

Ins Land der tausend Seen

Tour 1

Von Neustadt-Glewe durch die Mecklenburgische Seenplatte

Ländlich, urban und maritim

Tour 2

Vom Schaalsee über Schwerin nach Rostock

Zwischen Meer und Bodden

Kaiserbäder und Gutshäuser

Hügelige Weiten und Kreidefelsen

Gut zu wissen

Seite 78

Wandern zwischen Wald und Meer:
Der Küstenwald, hier bei Heiligendamm, erstreckt sich entlang der Ostsee.

Einfach losfahren!

So bauen Sie sich Ihre individuelle Traumtour

Die in diesem Band vorgeschlagenen Routen führen durchweg über landschaftlich schöne Straßen, häufig mit spektakulären Ausblicken. Fahrerisch sind sie manchmal spannend. Besonders kleinere Straßen weisen häufig Schlaglöcher und abgesackte Fahrbahnteile auf, die überraschend kommen können. Es gilt also, mit Ruhe und Genuss das Land zu erfahren: Genießen Sie jeden Moment des Unterwegsseins!

Achtung: Die hier vorgeschlagenen Touren sind für Pkw oder Motorrad konzipiert. Große Wohnmobile oder besonders hoch gebaute Vans können nicht überall fahren. Mit der Navigation in der ADAC Trips App können Sie die Tour exakt abfahren. Sollten Sie im Vorfeld die Route planen wollen, z. B. für spezielle Fahrzeugtypen, empfehlen wir unseren Routenplaner unter maps.adac.de.

UMSTEIGEPUNKT
ROSTOCK

Sehenswertes in der Umgebung

IHR WEGWEISER: UMSTEIGEPUNKTE

Jede Tour in diesem Band besteht aus mehreren Etappen. Etappen und ganze Touren lassen sich mittels Querverbindungen kombinieren, abkürzen oder variieren. Dazu dienen besonders die Umsteigepunkte. Alle Umsteigepunkte sind auch reizvolle Orte für ein festes Standquartier.

Diesen QR-Code finden Sie bei jedem Umsteigepunkt. Er führt Sie direkt zu einer Umkreissuche in der ADAC Trips App, hier können Sie die umliegenden Sehenswürdigkeiten und Orte nach Ihren Wünschen sortieren und den Radius festlegen, in dem Sie weitere spannende Entdeckungen finden.

Alleenidylle pur: Auch Gänse scheinen sich unter alten Eichen wohlzufühlen.

DOWNLOAD DER ADAC TRIPS APP

Einfach mit der Handy-Kamera einscannen: Mit diesem Code können Sie für Ihr Handy-Betriebssystem (iOS oder Android) die kostenlose ADAC Trips App herunterladen.

IHR GANZ PERSÖNLICHER ROADTRIP

Jede Etappe hat einen eigenen Schwerpunkt: Wasser, Kulinarik, Kultur oder Natur. Gestalten Sie Ihren ganz persönlichen Roadtrip!

Navigation und GPX-Download

IMMER GUT GEPLANT: NAVIGATION UND GPX-DATEN

Diesen QR-Code finden Sie zu Beginn jeder Tour. Der Scan erlaubt Ihnen die Navigation vor Ort direkt über ADAC Trips App – oder Sie laden sich die GPX-Daten zu jeder Tour auf Ihr eigenes Navigationsgerät.

Weitere Details in der ADAC Trips App

REISE-ERLEBNISSE IN DER APP

Überall im Buch, wo Sie diesen QR-Code neben dem Text sehen, führt Sie der Scan direkt zu allen Details der beschriebenen Sehenswürdigkeit – mit laufend aktualisierten Details und Informationen.

Erlebniswelten Mecklenburg-Vorpommern

Zum Verlieben schön

Steigen Sie ins Auto, fahren Sie die prächtigen Alleen entlang und lassen Sie sich unter den Dächern der alten Linden, Buchen und Eichen von der weiten Landschaft verzaubern. Genießen Sie die frische Luft, atmen Sie durch und freuen Sie sich auf: ein Bad in der Ostsee, den Sonnenuntergang am Strand, romantische Schlösser, prächtige Hansestädte und schmucke Seebäder, jahrhundertealte Wälder und die einmalige Landschaft der Seenplatte. Auf den Touren dieses Bandes erleben Sie die schönsten Seiten Mecklenburg-Vorpommerns.

Seite 160

Auf dem Peilturm am Kap Arkona kann man die Aussicht unter der Glaskuppel oder auf der Aussichtsplattform genießen.

WASSER
LANDSCHAFT
KÜCHE
KULTUR

Seen und Meer, so weit das Auge reicht

Zum nächsten Gewässer ist es in Mecklenburg-Vorpommern nie weit

Rund 2000 Kilometern Ostseeküste und über 2000 Binnenseen machen Mecklenburg-Vorpommern zum wasserreichsten Bundesland. Mit rund 400 Kilometern feinsandigem Badestrand besitzt es die längsten und schönsten Strände, mit Rügen die größte Insel und mit der Müritz den größten See Deutschlands.

AN DER OSTSEE

Ein Bad in der Ostsee, gemütliche Stunden im Strandkorb, durch ein Seebad flanieren, Fisch direkt vom Fischer und ein kühles Getränk mit Sonnenuntergang – so schön kann ein Tag an der Ostsee sein. Wer es aktiver mag, steigt aufs Rad, Surfbrett oder Segelboot oder unternimmt eine Wanderung an der Küste.

Die Seebrücke Sellin ist mit ihren 394 Metern die längste auf Rügen.

Heiligendamm (Tour 2, Etappe 3) ist das älteste Seebad Deutschlands. Hier wurde der Grundstein für die Bäderarchitektur gelegt. Auch der Badetourismus, der bis heute zahlreiche Gäste in die charmanten Seebäder lockt, nahm in der »Weißen Stadt am Meer« seinen Anfang. Nach und nach entstanden an der Küste zahlreiche Ostseebäder und an den Uferpromenaden weiße Villen mit verspielten Türmen und Loggien.
Zu den schönsten gehören die drei Kaiserbäder Ahlbeck, Heringsdorf und Bansin auf der Insel Usedom (Tour 4, Etappe 2).
Neben den feinsandigen breiten Stränden und Strandpromenaden der Ostseebäder lädt auch der Ort Zierow in der Wismarer Bucht zu entspannten Tagen an Strand und Meer ein. An anderen Stellen zeigt sich die Küste von ihrer wilden Schönheit. Hohe Dünen, teils mit Gräsern bewachsen und von Wäldern gesäumt, türmen sich auf, bevor sie abfallend den Blick auf den Strand freigeben.

Die Hohe Düne auf der Halbinsel Zingst ist eines der höchsten Dünenfelder an der Ostseeküste.

Die Küstendünen wie an der 45 km langen Küste vor der Halbinsel Fischland-Darß-Zingst sind nicht nur ein wichtiger Lebensraum für Tier- und Pflanzenarten, sondern auch ein Küstenschutz. Diese ursprüngliche Küstenlandschaft findet man am Darßer Weststrand (Tour 3, Etappe 3). Das größte unbewaldete Dünenfeld an der deutschen Ostseeküste ist die »Hohe Düne« in Pramort, dem östlichsten Zipfel der Halbinsel. Um das Biotop Ostseedüne zu schützen, dürfen sie nicht betreten werden. Genießen kann man die Küste und die in der Sonne glitzernde Ostsee auf ausgewiesenen Wegen und Bohlenstegen.
Naturbelassene Küste mit feinkörnigen Stränden, Dünen und Schilflandschaften findet man auch im Stettiner Haff südlich von Usedom (Tour 4, Etappe 3).

MECKLENBURGISCHE SEENPLATTE

Auch die Seen im Süden der Region laden zum Baden ein. Oder man genießt die schöne Wasserlandschaft vom Wasser aus: auf Paddeltouren, Bootsausflügen oder auf dem Hausboot. Im

Hier kann man die Ruhe und vor allem die Natur genießen: allein im Morgennebel auf der naturbelassenen Peene.

Zentrum liegen die Müritz und die Stadt Waren und am Ostufer der Müritz-Nationalpark. An der Großseenplatte vom Plauer See bis an die Müritz liegen viele hübsche Städtchen wie Plau am See, Röbel und Mirow (Tour 1, Etappe 1).

Mitten im Herzen der Seenplatte liegt das gemütliche Städtchen Malchow auf einer kleinen Insel im Malchower See zwischen Fleesensee und Petersdorfer See. Das Wasser ist hier immer nur wenige Schritte entfernt. In der direkten Umgebung lohnt der Naturpark Nossentiner/Schwinzer Heide einen Ausflug (Tour 1, Etappe 2). Die schönsten Aussichten über die ganze Müritz hat man von Rechlin aus bis nach Klink. Ganz in der Nähe nördlich vom Bolter Kanal gibt es hübsche Strände und die wohl schönsten Sonnenuntergänge der Seenplatte.

Die Kleinseenplatte reicht östlich von Waren bis an die Feldberger Seenlandschaft (Tour 1, Etappe 3). Es ist ein Labyrinth aus Hunderten Seen, die über natürliche Flussläufe oder schmale Kanäle miteinander verbunden sind. Wer auf den Seen unterwegs ist, spürt schnell die Einsamkeit der Ankerbuchten, die Ruhe der schilfbewachsenen Ufer und die Schönheit der Seerosen. Einer der schönsten Seen der Gegend mit glasklarem Wasser und bewaldeten Hängen ist der Schmale Luzin (Tour 1, Etappe 3). Wanderer, Spaziergänge und Radfahrer können hier mit einer der letzten handbetriebenen Seilfähren Europas ans andere Ufer übersetzen.

AMAZONAS DES NORDENS

Noch ein Geheimtipp ist die Peene, gelegen zwischen der Mecklenburgischen Seenplatte und der Insel Usedom (Tour 4, Etappe 2). Sie gehört zu den letzten naturbelassenen Flüssen Europas und wird daher auch »Amazonas des Nordens« genannt. Im Wasser tummeln sich Hechte, Aale, Welse und Brassen. Eisvögel und Seeadler fliegen darüber, Biber bauen ihre Burgen. Viele seltene Pflanzen und Tiere finden hier ideale Lebensbedingungen. 150 Brutvogelarten gibt es in dieser Landschaft. Wer auf dem Wasser unterwegs ist, kommt dieser Natur wirklich nahe. Von den großen Seen der Mecklenburgischen Schweiz, dem Malchiner und dem Kummerower See, schlängelt sich die Peene rund 120 km durch ein 400 km² großes Naturschutzgebiet bis zur Insel Usedom.

Ein weiterer Schatz ist der Schaalsee ganz im Westen mit der Kleinstadt Zarrentin (Tour 2, Etappe 1). Die Schaalseeregion an der Grenze von Mecklenburg-Vorpommern und Schleswig-Holstein lag lange in Vergessenheit und bietet noch heute eine nahezu unberührte Wasserlandschaft.

Ebenso schön ist das Recknitztal mit idyllischen Wasserwegen. Nur wenige Kilometer von der Küste entfernt liegt diese wundervolle Flusslandschaft abseits von Stränden und Boddenwiesen. Eingebettet in die durch die letzte Eiszeit geprägte hügelige Landschaft ist der Fluss Recknitz noch weitgehend unentdeckt. Wie auf der Peene lohnt sich eine Kanutour, um die Wasserlandschaft und die Ruhe zu genießen.

Ein reetgedecktes Bootshaus in Gross Zechner am Schaalsee, hier möchte man verweilen und einfach am See entspannen.

Schätze der Natur

Von Nationalparks bis Schlossgärten

Drei Nationalparks, zahlreiche Naturschutzgebiete, die Seenplatte als eine der schönsten Naturlandschaften Deutschlands und einzigartige Wälder zeigen die natürliche Vielfalt Mecklenburg-Vorpommerns. Auf den Touren können Sie in die Natur eintauchen und sich von ihr verzaubern lassen.

WILDROMANTISCHE KÜSTE UND WELTNATURERBE WALD

Ganz im Norden, von der Südspitze des Darß bis nach Pramort, über die Insel Hiddensee und Teile Rügens erstreckt sich der Nationalpark Vorpommersche Boddenlandschaft als größter des Landes. Der wildromantische Darßer Weststrand mit seinen Windflüchtern zeigt die schützenswerte Küstenlandschaft (Tour 3, Etappen 2 und 3). Dahinter erstreckt sich der urwüchsige Darßwald, der in der ersten Schutzzone völlig sich selbst überlassen ist. Einen herrlichen Rundumblick hat man vom alten Leuchtturm im Darßer Ort. Die Vorpommersche Boddenlandschaft ist im Herbst das Ziel vieler Zugvögel, über 100 verschiedene Arten und Tausende von Kranichen, die besonders gut in Pramort zu beobachten sind.
Zu den besonderen Naturschätzen zählen die berühmten Kreidefelsen auf Rügen (Tour 5, Etappe 3). Im Herzen des Nationalparks Jasmund führen Wanderwege oberhalb der Felsen entlang und bieten die schönste Aussicht auf die Küste. Zu dem kleinsten Nationalpark Deutschlands gehört auch ein 2000 Hektar großer Buchenwald, der UNESCO-Weltnaturerbe ist. Ebenfalls zum Weltnaturerbe gehört der nahezu unberührte Buchenwald von Serrahn im östlichen Teil des Müritz-Nationalparks (Tour 1, Etappe 1), den Wälder, lauschige Seen, ausgedehnte Moore und Wiesen prägen.

GESPENSTISCH UND URALT

Gut ein Fünftel der Fläche Mecklenburg-Vorpommerns besteht aus Wald. Zu den schönsten zählt der Gespensterwald bei Nienhagen nahe Rostock (Tour 2, Etappe 3). Die Einmaligkeit dieses Küstenwalds liegt in den von Wind und Seeluft bizarr geformten Laubbäumen – bis zu 170 Jahre alten Eichen, Buchen, Hainbuchen und Eschen. Sehenswert sind auch die 1000-jährigen Ivenacker Eichen bei Stavenhagen (Tour 1, Etappe 3).

Malerische Aussicht vom Hochuferweg auf die berühmten Kreidefelsen im Nationalpark Jasmund auf Rügen

Der größte geschlossene Küstenwald ist mit 6000 Hektar die Rostocker Heide nördlich von Rostock (Tour 3, Etappe 1). Die jahrhundertealten Bäume sind Zeugen des ehemaligen deutschen Urwalds. Auf schönen Wander- und Radwegen kann man diese Wald- und Moorlandschaft gut entdecken.
Einen besonderen Reiz besitzt auch die Lewitz (Tour 2, Etappe 1), Deutschlands größte zusammenhängende Wiesenlandschaft zwischen Neustadt-Glewe im Süden und Schwerin im Norden. Wiesen, Wälder und zahlreiche Wasserläufe prägen diese Gegend. Je nach Jahreszeit verzaubert das Licht die Landschaft aufs Neue: leuchtend grüne Wiesen im Frühling, goldgelbes und rotes Laub im herbstlichen Nebel und schneebedeckter Boden und von Raureif überzogene Gräser im Winter. Ein besonderes Schauspiel im Herbst ist die Hirschbrunft und der Vogelzug mit Abertausenden Gänsen, Kranichen, Reihern und Schwänen. Die gut gefüllten Fischteiche bieten ausreichend Nahrung für die Raststation oder zum Überwintern. Ein toller Beobachtungspunkt ist der Aussichtsturm an der Dütschower Brücke etwas nördlich von Neustadt-Glewe.

Die Orangerie im Neustrelitzer Schlossgarten wurde als Orangenhaus erbaut und später zum Gartensalon umgebaut.

HERRSCHAFTLICHE PARKS UND GÄRTEN

Wundervolle Landschaftseindrücke bieten auch die Parks und Gärten, die sich in einer beeindruckenden Vielfalt über das Land verteilen. Überwiegend gehören die Anlagen zu historischen Schlössern, Herren- und Gutshäusern, von denen es in Mecklenburg-Vorpommern rund 2000 gibt. Die Schlösser der früheren Landesfürsten, Schwerin und Neustrelitz (Tour 2, Etappe 1, und Tour 1, Etappe 1), besitzen noch heute einige der bedeutendsten Barockgärten Deutschlands mit Wasserspielen und verträumten Laubengängen. Häufig wurden ehemals barocke Ensembles zu Beginn des 19. Jahrhunderts der damaligen Mode entsprechend im Stil eines englischen Landschaftsparks umgestaltet.

Für italienischen Charme sorgen Schloss und Schlosspark Güstrow (Tour 1, Etappe 2). Beide zählen zu den bedeutendsten Anlagen der Renaissance in Norddeutschland. Der 1570 angelegte, mehrfach umgestaltete und inzwischen überwiegend rekonstruierte Garten mit Laubengängen, Wasserspielen, streng eingefassten Blumenbeeten, duftenden Rosen und Lavendel ist ein besonderes Juwel. Wunderbar flanieren kann man auch im Schlosspark Putbus auf Rügen (Tour 5, Etappe 2).

Doch auch die Garten- und Parkanlagen der Guts- und Herrenhäuser sind beeindruckend. Über 3000 Rosen verzaubern z. B.

die 30 Hektar große Parklandschaft von Gut Groß Siemen, rund 25 km von Rostock entfernt. Zum Spazieren laden auch die Parkanlagen der Herrenhäuser Burg Schlitz und Schloss Kittendorf (Tour 1, Etappe 2).
Eine gute Gelegenheit, um die zauberhaften Anlagen kennenzulernen ist der Schlösserherbst im September (S. 27), bei dem zahlreiche Herrenhäuser und Parks Besuchern offen stehen. Viele von diesen werden im Rahmen der Festspiele Mecklenburg-Vorpommern zur Konzertbühne. Dass Kunst und gestaltete Natur gut zusammenpassen, wusste auch der Maler Otto Niemeyer-Holstein auf Usedom, in dessen Garten zahlreiche Skulpturen befreundeter Künstler zu bewundern sind (Tour 4, Etappe 2). Wer Rhododendron liebt, sollte sich den Rhododendronpark in Graal-Müritz nicht entgehen lassen (Tour 3, Etappe 1). Mit einer Fläche von 4,5 Hektar ist er der größte Park dieser Art in Deutschland. Im Mai und Juni entfalten die Blüten der Stauden ihre ganze Schönheit, dann verwandeln die über 2000 Rhododendren den Park in ein duftendes und buntes Farbenmeer. Die Farbpalette der Millionen Blüten reicht von Rotviolett über Lila, Lachsfarben bis hin zu Gelb und Weiß.

Im Rhododendronpark in Graal-Müritz kann man im Mai und Juni über 2000 blühende Stauden bewundern.

Wunderschöne Backsteingotik am Wismarer Marktplatz: Der »Alte Schwede«, das älteste Bürgerhaus der Stadt

Von rustikal bis besternt

Mecklenburg-Vorpommerns Küche ist vielfältig und lecker

Das Meer und die Seen liefern Fisch, die Wälder sorgen für Wild und Öko-Bauern für erstklassige Rind- und Lammspezialitäten. Käse- und Wildkräutermanufakturen, Obst- und Gemüsebauern produzieren ebenfalls Feines für den Gaumen. Auf den Touren haben Sie Gelegenheit, die Köstlichkeiten der Region zu genießen.

SPEISEKAMMER MEER

Dank der Lage an der Ostsee und den mehr als 2000 Seen ist Fisch kulinarisch ein großes Thema. Neben Hering, Dorsch und

Flunder stehen hier auch Hornfisch und Ostseeschnäpel auf der Karte – mit Kartoffelstampf und Apfelragout, gebraten oder geräuchert und immer ein Genuss. Die Fischer, die für kleine, seit vielen Generationen familiengeführte Fischereibetriebe auf die See hinausfahren, beliefern Restaurants und Hotels und besitzen oft eigene Restaurants, Räuchereien und Fischgeschäfte.

WILDER GENUSS

Mit seinen üppigen Wäldern und weiten Feldern besitzt Mecklenburg-Vorpommern reichlich einheimische Wildarten wie Reh, Wildschwein und Hirsch, die als schmackhafte Gerichte zubereitet den genussfreudigen Gästen serviert werden.
Nicht wegzudenken von der Ostsee ist natürlich der Sanddorn, der wegen seines hohen Vitamin-C-Gehalts auch gerne die Zitrone des Nordens genannt wird. Auf der Sanddorn-Plantage Storchennest mit Hofladen in Ludwigslust erfährt man alles über die Power-Beeren, die nicht nur in der Küche verwendet werden können (www.sanddorn-storchennest.de).
Ob knackiges Obst oder Gemüse, duftender Käse oder Brot – in Hofläden und auf Wochenmärkten ist das Angebot der guten Produkte der Region groß.
Weitere Infos zu Hofläden und -cafés sowie regionalen Spezialitäten bietet der Tourismusverband Mecklenburg-Vorpommern auf seiner Webseite (www.auf-nach-mv.de/kulinarik).

In der »Seeperle« in Wismar gibt es frische Fischspezialitäten.

DER GRIFF ZU DEN STERNEN

Inzwischen haben sich viele Restaurants zu Feinschmeckeradressen gemausert, Köche setzen auf eine kreative Küche auf Spitzenniveau. Nicht weniger als acht Restaurants schmückt ein Michelin-Stern, u. a. in Heiligendamm, Warnemünde und Fürstenhagen in der Feldberger-Seenlandschaft. Aber auch sonst werden vielerorts traditionelle Gerichte auf originelle Art neu interpretiert. So kommen Gäste z. B. in den Genuss von Fischroulade im Spinat-Speckmantel, Rindfleischblutwurst auf Selleriepüree oder Ostseeschnäpel auf Senfkohl mit Birne und Pralinen aus Ziegenkäse mit Rotweinbirne und Sanddorn-Mousse. Köstlich!

Backsteingotik und Bäderromantik

Von architektonischen Perlen und inspirierenden Orten

Jungsteinzeitliche Findlinge auf Rügen, mächtige Backsteinbauten in Wismar und Stralsund, prachtvolle Schlösser in Schwerin, Güstrow und Ludwigslust und die Künstlerkolonien in Schwaan und Ahrenshoop – Mecklenburg-Vorpommern ist reich an historischen und kulturellen Highlights.

EINE REGION ERWACHT

Bereits vor 10 000 Jahren folgten Fischer und Jäger den nach Norden wandernden Rentierherden. Um 3500 v. Chr. gingen sie zu Ackerbau und Viehzucht über und wurden sesshaft. Überbleibsel der frühen Besiedlung sind zahlreiche Hünengräber, vor allem auf Rügen (Tour 5, Etappe 3). Es sind Ansammlungen von Findlingen, länglich oder im Kreis aufgestellt.

Viele Jahrhunderte später, im Mittelalter, begann die Blütezeit der Hanse. Die prächtigen Backsteingebäude in den Altstädten von Wismar und Stralsund, beide UNESCO-Welterbe, zeugen noch heute davon (Tour 2, Etappe 2, und Tour 3, Etappe 3).

Seit 1998 steht die Seebrücke Sellin wieder in historischer Gestalt von 1927.

WEISSE VILLEN UND PRÄCHTIGE SCHLÖSSER

Nicht minder reizvoll ist das architektonische Erbe der verspielten weißen Villen und Gebäudeensembles der Seebäder, die den Glanz vergangener Zeiten widerspiegeln, etwa im Seebad Heiligendamm (Tour 2, Etappe 3), auf Usedom (Tour 4, Etappe 2) und auf Rügen (Tour 5, Etappe 2).

Die Herzöge und Landesfürsten hinterließen ebenfalls ein reiches kulturelles Erbe mit den wunderschönen Barock- und Renaissanceschlössern und Gärten wie in Güstrow (Tour 1, Etappe 2), Ludwigslust und Schwerin (Tour 2, Etappe 1). Ebenso sehenswert

Die Fassaden im Alten Hafen von Wismar erstrahlen in prächtiger Backsteingotik.

sind die historischen Herren- und Gutshäuser mit ihren großen Parkanlagen wie Burg Schlitz oder Schloss Basedow (Tour 1, Etappe 2). Viele davon kann man heute auch bei kulturellen Veranstaltungen besuchen wie etwa Schloss Ulrichshusen (Tour 1, Etappe 2), das jedes Jahr als eine der Konzertbühnen der Festspiele Mecklenburg-Vorpommern dient.

INSPIRATION FÜR KUNST UND LITERATUR

Eines der wohl bekanntesten Gemälde deutscher Kunst stammt von Caspar David Friedrich und zeigt den Kreidefelsen auf Rügen (Tour 5, Etappe 3). Angezogen vom einzigartigen Licht und der Landschaft folgten ihm Künstler und gründeten in Schwaan (Tour 3, Etappe 1), Ahrenshoop (Tour 3, Etappe 2) und Hiddensee kunstsinnige Kolonien. Das Museum in Ahrenshoop widmet sich dem künstlerischen Schatz dieser Orte.
Auch zahlreiche Schriftsteller ließen sich von der Region inspirieren, einheimische Literaten wie Fritz Reuter und Walter Kempowski sowie Gerhart Hauptmann und Thomas Mann, die an der Ostsee ihre Sommerfrische verbrachten. Hans Fallada wiederum fand in Carwitz in der Feldberger Seenlandschaft sein bevorzugtes Refugium zum Schreiben.

Wismar

Heringstage Wismar

Von Mitte bis Ende März dreht sich in Wismar alles um den Hering. An den Heringstagen wird der Fang gefeiert, mit großem Heringsbraten auf dem Marktplatz, einem Umzug der Köche, Musik, Fischverkauf und leckeren Heringsgerichten in vielen Restaurants.

Rostock und Warnemünde

Ostermarkt

Zum Auftakt der Saison finden in Rostock und Warnemünde Ostermärkte statt und sorgen für Frühlingsatmosphäre. Ein Highlight in Warnemünde ist das traditionelle Osterfeuer direkt am Strand.

Rügen

Festspielfrühling Rügen

Auftakt für die Festspielsaison. Es finden 25 Kammer- und Orchesterkonzerte auf der Insel statt, z. B auf der Selliner Seebrücke und im Kurhaus im Ostseebad Binz.

März

Der Frühling liegt in der Luft. Die Zugvögel kommen zurück und in den Parks sprießen die ersten Knospen.

Tagesdurchschnittstemp. 8 °C
Wassertemp. 3 °C

April

In den Alleen leuchtet das erste Grün. Ab Ende April dominiert die Farbe Gelb den Frühling, dann stehen die weiten Rapsfelder in voller Blüte.

Tagesdurchschnittstemp. 13 °C
Wassertemp. 5 °C

Waren an der Müritz

Müritz Sail

Die kleine Schwester der Hanse Sail am größten deutschen Binnensee bietet Spannung bei sportlichen Wettkämpfen und ein buntes Rahmenprogramm, zu dem auch ein großes Höhenfeuerwerk gehört.

Rügen

Störtebeker Festspiele

Von Ende Juni bis Anfang September finden auf der Naturbühne Ralswiek auf Rügen die legendären Störtebeker Festspiele statt.

Regionsweit

KunstOffen

Am Pfingstwochenende öffnen mehrere Hundert Kunstschaffende zwischen Seenplatte und Ostsee ihre Werkstätten und Ateliers für Besucher. Ein gelber Schirm am Eingang zeigt, dass der Ort dabei ist.

Mai

Im Mai wird es endlich warm. Jetzt kann man wieder draußen sitzen oder den Frühling bei Spaziergängen, Rad- oder Kanutouren genießen.

Tagesdurchschnittstemp. 18°C
Wassertemp. 9 °C

Juni

Der Sommer beginnt, das Thermometer klettert und die Sonne lacht vom Himmel. Jetzt locken die Seen und die Ostseebäder.

Tagesdurchschnittstemp. 21 °C
Wassertemp. 13 °C

Rote Pracht

Im Frühsommer leuchtet der rote Klatschmohn am Straßenrand, wie hier in der Mecklenburgischen Schweiz (Tour 1, ab S. 30).

Schwerin

Schlossfestspiele Schwerin

Konzerte der Mecklenburgischen Staatskapelle, Musicals, Ballettaufführungen und Opern auf der Freilichtbühne im Schlossgarten und im Schlosshof.

Stralsund

Wallensteintage

Traditionsreiches Volksfest, bei dem in Stralsunds Altstadt vier Tage lang der erfolgreiche Widerstand gegen die Truppen Wallensteins während des Dreißigjährigen Kriegs gefeiert wird.

Rostock und Warnemünde

Hanse Sail

Die Hanse Sail in Rostock und Warnemünde ist das größte maritime Volksfest im Nordosten mit 100 Traditionsseglern, Konzerten, Märkten, Schiffsbesichtigungen und Mitsegelmöglichkeiten.

Juli

Die warmen Temperaturen im Juli sorgen für viel Betrieb an den Küsten, aber an den breiten und langen Stränden findet jeder einen Platz.

Tagesdurchschnittstemp. 23 °C
Wassertemp. 16 °C

August

Auch der August ist mit angenehmen Temperaturen perfekt für Wasserratten und Naturliebhaber, abends wird es aber schon kühler.

Tagesdurchschnittstemp. 23 °C
Wassertemp. 17 °C

Göhren

Wikingertage

Dreitägiges Spektakel am Strand und im Park von Göhren, wenn die Wikinger ihr Lager aufschlagen und Schaukämpfe austragen, Handwerk vorführen und Feuershows veranstalten.

Regionweit

Schlösserherbst

Ein herbstlicher Höhepunkt ist der landesweite Schlösserherbst. Dann öffnen zahlreiche Schlösser, Guts- und Herrenhäuser ihre Türen und Pforten für Besucher. Zum Programm zählen Führungen, Konzerte, Ausstellungen und Theateraufführungen.

September

An sonnigen Spätsommertagen kann man noch baden. Das warme Herbstlicht verleiht einer Landpartie jetzt einen besonderen Zauber.

Tagesdurchschnittstemp. 19 °C
Wassertemp. 15 °C

Oktober

Die ideale Zeit für Spaziergänge in Schlossparks und kulinarische Entdeckungsfahrten in die Landküchen der Gutshäuser.

Tagesdurchschnittstemp. 13 °C
Wassertemp. 12 °C

Strandidylle

An der Ostsee kann man im Strandkorb den Blick aufs offene Meer genießen, wie hier bei Prerow (Tour 3, Etappe 3, S. 100).

Usedom

Wildwochen auf Usedom

Die Restaurants der Insel bieten Mitte Oktober bis Mitte November Wildspezialitäten, außerdem gibt es ein Hoffest, einen Wildmarkt und eine Hubertusmesse.

Kühlungsborn

Kühlungsborn kocht

Auch im Ostseebad Kühlungsborn rückt der kulinarische Genuss in den Fokus, wenn die Tage dunkler werden. Zum Event gehören Themenabende, Kochkurse und 4-Gänge Genießermenüs.

Ludwigslust

Ludwigsluster Schlossweihnacht

Kleiner feiner und stimmungsvoller Weihnachtsmarkt im und am Schloss Ludwigslust mit Kunsthandwerk, kulinarischen Genüssen der Region und einem Schloss im Lichterglanz.

November

Der Herbst zeigt an sonnigen Tagen noch seine goldene Seite, aber auch die kalten, regnerischen Tage nehmen jetzt zu.

Tagesdurchschnittstemp. 7 °C
Wassertemp. 8 °C

Dezember

Das stürmische und oft regnerische Wetter im Dezember hat vor allem an den aufgepeitschten Küsten seinen besonderen Reiz.

Tagesdurchschnittstemp. 3 °C
Wassertemp. 5 °C

Usedom

Eisarena Heringsdorf

Eisiges Vergnügen verspricht die Eisarena Heringsdorf auf der Insel Usedom, wo man in den Wintermonaten unter freiem Himmel neben der Seebrücke mit Blick auf die Ostsee Schlittschuh laufen kann.

Rügen

Binzer Eisbaden

Zur Faschingszeit lädt das Ostseebad Binz zum Eisbaden im Faschingskostüm ein, die schönsten Kostüme werden prämiert. Anschließend kann man sich in einer Strandsauna aufwärmen.

Januar

Es ist winterlich, es regnet oder schneit, aber auch die Sonne lässt sich blicken. Strandspaziergänge sind – dick eingepackt – ein Genuss.

Tagesdurchschnittstemp. 3 °C
Wassertemp. 3 °C

Februar

Die Tage werden allmählich länger und auch die Sonne scheint häufiger, aber es bleibt der Jahreszeit entsprechend kalt.

Tagesdurchschnittstemp. 4 °C
Wassertemp. 2 °C

Eisig schön

Allein am Strand von Zingst (Tour 3, ab S. 84) mit einer Tauchgondel: Auch ein winterlicher Strandbesuch hat seinen Reiz.

TOUR 1

Ins Land der tausend Seen

Von Neustadt-Glewe durch die Mecklenburgische Seenplatte

Verwunschene Wälder, lauschige Seen, romantische Schlösser und Parks und viele schöne Orte zeichnen die Region im Süden Mecklenburg-Vorpommerns aus. Von Neustadt-Glewe führt die Tour zur Seenplatte mit ihren über tausend Seen. Im Zentrum liegt die Müritz, der größte Binnensee Deutschlands. Auf wunderschönen Alleen geht es nach einigen Stationen im Süden durch die Mecklenburgische Schweiz, in die Barlach-Stadt Güstrow und über Neubrandenburg in die Feldberger Seenlandschaft, die fast noch als ein Geheimtipp gelten darf.

Eine Kastanienallee in voller Blüte – hier möchte man gleich einsteigen und losfahren.

Die Tour auf einen Blick

ORTE ENTLANG DER ROUTE

1. Neustadt-Glewe – Crivitz – Parchim – Lübz – Plau am See – Röbel – Mirow – Neustrelitz – Ankershagen – Waren

2. Waren – Krakow am See – Güstrow – Teterow – Burg Schlitz – Ulrichshusen – Basedow – Malchin – Stavenhagen

3. Stavenhagen – Neubrandenburg – Burg Stargard – Hohenzieritz – Carwitz

KILOMETER
ETAPPE 1: 210 KM
ETAPPE 2: 135 KM
ETAPPE 3: 110 KM

Navigation und GPX-Download

REINE FAHRTZEIT
ETAPPE 1: 3¾ STUNDEN
ETAPPE 2: 2¼ STUNDEN
ETAPPE 3: 2 STUNDEN

ETAPPE 1

Von Neustadt-Glewe nach Waren

↔ 210 km ca. 3 ¾ Std.

Startpunkt der Tour ist **Neustadt-Glewe** mit seiner mittelalterlichen Burg. Die kleine Stadt liegt am südlichen Rand der Lewitz, der größten zusammenhängenden Wiesenlandschaft Deutschlands mit Wäldern, Teichen und Kanälen. Mehr als 600 Wasserwege durchziehen das Gebiet.

Nur 30 km über die L 081 entfernt liegt die Kleinstadt **Crivitz** malerisch am gleichnamigen See und schmückt sich mit einer Promenade, mittelalterlichen Häusern und einem großen Marktplatz. Vorbei an Wiesen und Feldern führt die Strecke in gemütlicher Fahrt weiter über die B 191 in das Fachwerkstädtchen Parchim, bis Sie hinter dem kleinen Wockersee die hübsche Kleinstadt **Lübz** erreichen.

Von dort ist es nur noch ein Katzensprung nach **Plau am See** und dann heißt es: Ab ans Wasser und die Aussicht auf den Plauer See genießen! Ab hier geht ein See in den nächsten über, und auf der Fahrt ist das Wasser fast immer zum Greifen nahe. Das Städtchen Plau am See gilt als das Tor zur Mecklenburgischen Seenplatte und lädt zu einem Spaziergang entlang der Uferpromenade ein, an der viele Lokale ein gemütliches Plätzchen mit schönem Blick bieten. Hier finden Sie auch leckere Fischbrötchen. Die besten gibt es bei den Müritzfischern, die in mehreren Orten mit Buden oder Geschäften vertreten sind. Gleich hinter der Promenade kann man durch die Altstadt mit ihren Fachwerk- und Ackerbürgerhäusern schlendern und das fast schon maritime Flair genießen. Tolle Aussichten auf die seenreiche Region bieten der Leuchtturm sowie der Burg- und Kirchturm und der »Moorochse«, eine Aussichtsplattform am Nordufer. Im angrenzenden Stadtwald spiegeln sich die Bäume im Wasser. Wenn Sie mit einem E-Auto unterwegs sind, nutzen Sie die Zeit: Einen Parkplatz mit E-Ladestation finden Sie am Leuchtturm.

Die besten Fischbrötchen

Die Müritzfischer haben Verkaufsstellen in Orten rund um die Seen, Adressen stehen auf der Webseite, auch Ferienwohnungen, Angelmöglichkeiten und Bootsverleih gibt es. In Plau am See z. B. am Fischerhafen am Leuchtturm, www.mueritzfischer.de

UM DIE MÜRITZ HERUM

Die B 198 führt ein Stück am Ufer des Plauer Sees entlang, dann durch kleine Dörfer bis nach **Röbel**. Wieder eröffnet sich eine wunderbare Aussicht, diesmal auf die Müritz, den größten Binnensee Deutschlands.

Die Müritz-Elde-Wasserstraße, hier in Plau am See, ist die Verbindung zwischen Elbe und Mecklenburgischer Seenplatte.

Ein beliebtes Ausflugsziel nahe Röbel ist das Dorf **Bollewick**, etwas südwestlich. Dort steht die größte Feldstein-Scheune Deutschlands. Zu DDR-Zeiten wurde sie für 650 Kühe genutzt und später liebevoll saniert. Heute ist sie ein Ort für Kultur, Ausstellungen und Märkte. Auf drei Etagen gibt es Werkstätten und Geschäfte mit regionalen Produkten sowie Kunsthandwerk.

Am westlichen Ufer der Müritz und am Gutshaus Ludorf vorbei fahren Sie nun auf der **Deutschen Alleenstraße**. Sie gehört zu den schönsten und romantischsten Straßen Deutschlands. Unter dem Dach alter Eichen, Buchen und Linden zu fahren ist immer ein besonders Erlebnis. Das zarte Grün der Blätter im Frühjahr, die Licht- und Schattenspiele im Sommer, die herbstliche Farbenpracht und ein ganz eigener winterlicher Charme machen das Reisen unter den Baumkronen zu jeder Jahreszeit zu einem Ereignis. Auf Ihren Touren durch Mecklenburg-Vorpommern werden Sie sich zwischen Teterow und Staven-

Nach einem Besuch im Mirower Schloss lohnt sich ein Spaziergang durch den Schlosspark.

hagen (Etappe 2) und ab Grimmen auf der Fahrt nach Rügen (Tour 5, Etappe 1) erneut entlang der Deutsche Alleenstraße bewegen.
Durch seine Lage am Südende des Mirower Sees und an der Müritz-Havel-Wasserstraße ist **Mirow** ein wichtiger Verkehrsknotenpunkt für den Schiffsverkehr. Sehenswert sind das Schloss und der Park mit der Liebesinsel und dem Palais Café mit Seeterrasse. Das 3-Königinnen-Palais auf der Schlossinsel, benannt nach den Prinzessinnen Louise, Frederike und Sophie Charlotte widmet sich in einer Ausstellung dem Herzogtum Mecklenburg-Strelitz, das Schloss gegenüber mit barockem Festsaal lohnt ebenfalls einen Besuch.

Schon von Weitem zu sehen sind die Kirchtürme von ***Röbel****. Die »bunte Stadt am kleinen Meer« besitzt neben dem mittelalterlichen Ortskern einen schönen Hafen mit vielen Bootshäusern.*

Weitere Details in der ADAC Trips App

FÜRSTLICHE GARTENKUNST

Die B 198 führt weiter durch die grüne Landschaft der Mecklenburger Seenplatte mit ihren Wäldern, Wiesen und unzähligen Seen – einer schöner als der andere. Einen Abstecher lohnen die Burg Wesenberg und für eine Pause der Große Labussee und der Woblitzsee. Am südlichen Ende, wo die Havel in den Woblitzsee fließt, finden Fischliebhaber auf dem Fischereihof Wesenberg frischen Fisch, leckere Fischgerichte und Fischbrötchen direkt vom Fischer. Dahinter erreichen Sie **Neustrelitz**, die ehemalige Residenzstadt der Herzöge im Herzen der Mecklenburgischen Seenplatte. Mehr als 150 Gebäude vom Barock bis zur

In der Mecklenburgischen Seenplatte gibt es 200 offizielle **Naturbadestellen** an verschiedenen Seen. Überall ist die Wasserqualität gut bis sehr gut. Mehrere schöne Badestellen befinden sich z. B. südlich des Müritz-Nationalparks am Campingplatz Bolter Ufer in Boeck und in Rechlin-Nord, Badebucht Mili. Weitere Infos unter www.seenplatte.de/baden-schwimmen.

Ein Paradies für Wassersportler: der Mirower See mit zahlreichen bunten Bootshäusern bei Mirow

Moderne stehen unter Denkmalschutz, beliebt ist die Stadt aber vor allem wegen des romantischen Schlossgartens, der dem in Versailles nachempfunden ist und unter den schönsten fürstlichen Gärten des Landes rangiert. Wie Mirow gehört Neustrelitz zu den staatlichen Schlossanlagen Mecklenburg-Vorpommerns. Ein Spaziergang durch den Park mit Orangerie, Brunnen und Statuen griechischer Götter gibt einen Einblick in die beeindruckenden Parklandschaften der Region. Peter Joseph Lenné erweiterte den Park 1824 zu einem englischen Landschaftsgarten. Zum Gedenken an die spätere preußische Königin Luise wurde hier auf einem Hügel der Luisentempel errichtet.

ZUM ENTDECKER TROJAS

Bevor es über die B 193 weiter Richtung Norden und Ankersagen geht, lohnt ein Abstecher zum Zierker See. Einen schönen Blick hat man von der Zierker Aussicht am oberen Ende des Sees. Wälder, Wiesen und Dörfer begleiten wieder die Fahrt bis **Ankershagen**. Das unscheinbare Dorf besitzt einen berühmten Sohn: Hier ist Heinrich Schliemann aufgewachsen. Als Autodidakt und Pionier ging er in die Geschichte der Archäologie ein. Berühmt wurde er durch seine spektakulären Entdeckungen und Funde in Troja, Mykene und anderen antiken Städten sowie durch seinen großen Goldfund, den er »Schatz des Priamos« nannte. In seinem Elternhaus, einem Pfarrhaus aus dem 18. Jahrhundert, ist heute ein Museum für ihn eingerichtet.

IN DIE HAUPTSTADT DER MECKLENBURGISCHEN SEENPLATTE

Über die B 192 und am Torgelower See vorbei geht es nach **Waren** an der Müritz am Rande des gleichnamigen Nationalparks. Von der Hauptstadt der Mecklenburgischen Seenplatte aus kann man wunderschöne Ausflüge ins Land der 1000 Seen und Bootstouren unternehmen, durch die Altstadt von Waren schlendern oder im Müritzeum mehr über die Landschaft erfahren. Es lohnt sich, mehrere Tage in der Gegend zu verbringen und als Kapitän mit dem Hausboot über die Müritz zu schippern. Auch der Schriftsteller Theodor Fontane liebte die Sommerfrische in Waren. Für ihn gab es keinen besseren Ort: »Die Luft ist wundervoll und je nachdem der Wind steht, bin ich von einer Seebrise oder von Tannenduft umfächelt.«

*Der **Müritz-Nationalpark** ist mit seinen stillen Wäldern, idyllischen Seen, ausgedehnten Mooren und lebendigen Wiesen der Lebensraum für seltene Tiere und Pflanzen.*

Weitere Details in der ADAC Trips App

Seehotel Schloss Klink
Gemütliche Zimmer in einem Schloss direkt an der Müritz, mit Restaurant und Spa.
Schlossstraße 6, 17192 Klink,
www.schlosshotel-klink.de

Der 6 Meter hohe Nachbau des »Trojanischen Pferds« vor dem Schliemann Museum in Ankershagen ist inzwischen zu einem Wahrzeichen geworden.

UMSTEIGEPUNKT
WAREN

Sehenswertes in der Umgebung

Waren ist nicht nur ein praktischer Umsteigepunkt, wenn Sie Richtung Rügen fahren wollen, sondern auch ein guter Ausgangspunkt für reizvolle Tagesausflüge oder um einfach zu entspannen und den Seeblick zu genießen. Schöne Wander- und Radwege, kleine Orte zum Bummeln, eine Bootstour und Badestellen an den Seen rund um die Stadt laden dazu ein, gleich ein paar Tage zu bleiben.

AUSFLUGSTIPP

Das kostbarste Gut unserer Zeit ist eine intakte Natur. Im rund 320 km² großen **Müritz-Nationalpark** wird sie seit Jahrzehnten geschützt. Beliebte Stars sind die zahlreichen See- und Fischadler. Es gibt ein 650 km langes, gut ausgeschil-

dertes Wegenetz, viele Möglichkeiten zur Einkehr und Beobachtungstürme sowie unterschiedliche Touren mit den Nationalparkrangern. In der autofreien Zone fährt der Nationalparkbus. Das Nationalparkticket kann auch in Kombination mit dem Schiff genutzt werden (www.mueritz-nationalpark.de).

Der Schweingartensee im Müritz-Nationalpark

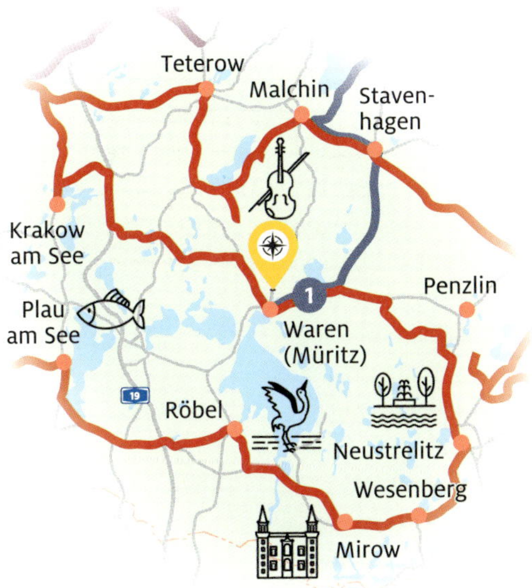

ZUR TOUR 5

Wen es mehr auf die Insel Rügen zieht, kann von Waren auf der Tour 5 über Stralsund nach Rügen weiterfahren und die Seebäder und Kreidefelsen entdecken.

Am Rand der historischen Altstadt von Waren mit der St. Georgenkirche liegt der Stadthafen.

ETAPPE 2

Von Waren nach Stavenhagen

↔ 135 km ca. 2 ¼ Std.

Von Waren verläuft die Tour über die B 108 weiter zwischen der Seen-, Wald- und Wiesenlandschaft des Naturparks Nossentiner Heide und der hügeligen Mecklenburgischen Schweiz. Abseits der bekannten Orte der Seenplatte geht es im Luftkurort **Krakow am See** etwas ruhiger zu – ideal, um entspannte Stunden oder Tage zu verbringen. Der zweitälteste Luftkurort Mecklenburgs schmiegt sich an eine der schönsten Wasseridyllen des Landes. Am Rande der Mecklenburgischen Seenplatte, umgeben von dichten Schilfgürteln, hügeligen Waldufern und einer schönen Seepromenade besitzt Krakow am See auch eine sehenswerte Altstadt. Wer die Kopfsteinpflasterstraßen des überschaubaren Zentrums entlangspaziert, kommt an kleinen Museen und der Alten Synagoge vorbei. Sie ist heute Krakows Kulturhaus und Veranstaltungsort für Konzerte, Lesungen und Theatervorstellungen. Wer nach einem Bad im See, einer Kanufahrt oder einem Bummel durch die Altstadt eine Stärkung braucht, ist im Treff am See richtig. Hier sitzt man bei gutbürgerlicher Küche und gutem Wetter auf der Terrasse am Seeufer und im Winter am warmen Kamin.

Fischkaufhaus – Die Manufaktur der Müritzfischer

Zander, Hecht, Barsch und Aal frisch aus der Müritz.
Eldenholz 42, 17192 Waren, www.fischkaufhaus.de

VON DEN SEEN ZUM SCHLOSS

Sie verlassen die Mecklenburgische Seenplatte, doch auch nördlich der Krakower Seenlandschaft liegen weitere Gewässer: der Inselsee und der Parumer See nahe Güstrow. Am südlichen Teil des Inselsees lohnt ein Stopp und ein Picknick im Naturschutzgebiet Gutower Moor und Schöninsel mit reizvollen Ausblicken in die Landschaft und auf den See. Nach weiteren 20 km ist **Güstrow** erreicht. Die geschichtsträchtige, etwa in der Mitte von Mecklenburg-Vorpommern gelegene Stadt besitzt eines der schönsten und bedeutendsten Renaissanceschlösser Nordeuropas.

Der bedeutende expressionistische Künstler Ernst Barlach lebte von 1910 bis zu seinem Tod 1938 in Güstrow. Viele seiner Werke sind im ***Atelierhaus und Ausstellungsforum-Graphikkabinett****, seinem ehemaligen Wohnhaus und Atelier, zu sehen.*

Weitere Details in der ADAC Trips App

Der Krakower See mit seiner buchtenreichen Uferzone wird von vielen zum Teil bewaldeten Hügeln umgeben.

UMSTEIGEPUNKT
GÜSTROW

Sehenswertes in der Umgebung

Die Handelsstadt Güstrow blickt auf eine gut 800-jährige Geschichte zurück und war fast zwei Jahrhunderte lang die Residenz der Herzöge von Mecklenburg. Nicht verwunderlich ist es daher, dass es eine Vielzahl an Bauten unterschiedlicher Epochen zu bestaunen gibt. Besonders sehenswert sind die Pfarrkirche St. Marien, von deren Turm man einen herrlichen Ausblick hat, sowie der Dom mit dem weltbekannten »Schwebenden« von Ernst Barlach, und natürlich das prachtvolle Güstrower Renaissanceschloss. Rund um den zentralen Marktplatz dominiert der Klassizismus mit dem Rathaus und verschiedenen Bürgerhäusern.

Rapsfeld im Sommer

AUSFLUGSTIPP

Güstrow bietet sich für Ausflüge in die Mecklenburgische Schweiz an, um von Gutshaus zu Gutshaus und Herrenhaus zu Herrenhaus zu fahren. In einigen kann man heute herrschaftlich übernachten und durch malerische Parkanlagen spazieren. Viele der schön sanierten Häuser haben sich unter dem Namen Mecklenburger Parkland zusammengeschlossen und bieten Aktivitäten in der Natur an (www.pllmv.de).

ZUR TOUR 3 UND TOUR 4

Wer möchte, kann in Güstrow die Tour wechseln und auf der Tour 3 nach Fischland-Darß-Zingst oder auf der Tour 4 nach Usedom weiterfahren.

Bürgerhäuser verschiedener Stilepochen säumen den Marktplatz der historischen Altstadt Güstrow.

Der Teterower See liegt malerisch im Naturpark Mecklenburgische Schweiz.

Von Güstrow geht es weiter auf der B 104 über Lalendorf nach **Teterow**, dem geografischen Mittelpunkt Mecklenburg-Vorpommerns. Sehenswert ist die historische Altstadt der um 1230 angelegten Stadt am gleichnamigen See mit ihren denkmalgeschützten Häusern, Cafés und Geschäften. Die Galerie Teterow im schön sanierten Bahnhof mit Café ist ein beliebter Treffpunkt für Liebhaber zeitgenössischer Kunst.
Durch prächtige Alleen mit hochgewachsenen alten Eichen, Buchen und Linden verläuft die Strecke bei Teterow wieder unter dem Dach der Bäume auf der Deutschen Alleenstraße. Nach zehn Minuten Fahrt auf der B108 in südlicher Richtung ist **Burg Schlitz** in Hohen-Demzin einen Abstecher wert. Schon die Dichterfamilie von Arnim spazierte durch den Schlosspark und ließ sich von der idyllischen Natur inspirieren. Das elegante Herrenhaus, heute ein Hotel, und der große Landschaftspark mit altem Baumbestand und dem berühmten »Brunnen der drei tanzenden Mädchen« laden ebenfalls zum Verweilen ein.
In dieser Gegend lauert hinter jeder Abzweigung ein Guts- oder Herrenhaus, eins schöner als das andere. Um den Malchiner See herum und der B 108 folgend, befindet sich **Schloss Ulrichshusen** in Schwinkendorf. In der großen Scheune, der heutigen

***Schloss Ulrichshusen** zählt zu den bedeutendsten Renaissancebauten der Region und ist heute u. a. Kulisse für Klassikkonzerte*

Weitere Details in der ADAC Trips App

Konzertscheune, der kleineren Remise sowie im Schloss selbst finden heute Klassikkonzerte im Rahmen der Festspiele Mecklenburg-Vorpommern statt.

ÜBER SCHLOSS BASEDOW ZU DEN TAUSENDJÄHRIGEN EICHEN

Weiter um den See herum folgt nach etwa 30 Fahrminuten auf der L 20 gegenüber der gleichnamigen Kirche Schloss und Park Basedow. Geschwungene Wege führen an der burgartigen Anlage und den Überresten von alten Dolmengräbern vorbei. Weite Aussichten über eine weitläufige Parklandschaft mit alten Bäumen, Blickachsen bis zum Horizont, kleine Teiche, majestätische Baumgruppen und eine wunderbar hügelige Landschaft heißen Besucher im 200 Hektar großen Landschafts- und Schlosspark Basedow willkommen. Die Anlage ist eng mit der Familie von Hahn verbunden, die bereits im 13. Jahrhundert dort ansässig war. Nachfahren ließen das Ensemble später von dem königlich preußischen Gartendirektor Peter Joseph Lenné zum Landschaftspark umgestalten.
Wer noch einmal an den See möchte, erreicht von Basedow in wenigen Minuten schöne Badestellen und Wanderwege. Auf der Weiterfahrt kommen Sie noch am sehenswerten Gutshaus Scharpzow vorbei. Schön übernachten kann man hier in luxuriösen Zelten mit Veranda – Glamping im Park. Über die B 104 ist dann nach kurzer Fahrt das nächste Ziel, **Stavenhagen**, erreicht.

Auf den Resten einer mittelalterlichen Burganlage wurde Schloss Basedow errichtet.

Der Weg ist das Ziel: Die gewundene Straße führt an den Kummerower See.

UMSTEIGEPUNKT
STAVENHAGEN

Stavenhagen ist der Geburtsort des Heimatdichters und Revolutionärs Fritz Reuter (1810–74), der die niederdeutsche Sprache wieder populär und salonfähig machte. Im ehemaligen Rathaus aus dem 18. Jahrhundert, gleichzeitig sein Geburtshaus, ist ihm zu Ehren das Fritz-Reuter-Literaturmusem eingerichtet, das sein Leben und Werk nachzeichnet.

AUSFLUGSTIPP

Neben den Ivenacker Eichen (S. 52) bieten sich von Stavenhagen Ausflüge zum **Kummerower See** an. Ein schönes Ziel ist auch das im neugotischen Stil errichtete **Schloss Kittendorf**. Der vom Landschaftsarchitekten Peter Joseph

Die Malchiner Straße mündet auf den Marktplatz mit dem Fritz-Reuter-Literaturmuseum von Stavenhagen.

Lenné gestaltete Landschaftspark zählte einst zu den größten Mecklenburgs. Eine vierreihige Lindenallee, Teiche mit Inseln und schönen Weiden zieren den Park, das Schloss ist heute ein Hotel mit Restaurant und eleganten Zimmern.

Schloss Kittendorf

ZUR TOUR 5
Wen es an die Küste zieht, kann von Stavenhagen zur Tour 5 umsteigen und nach Rügen fahren.

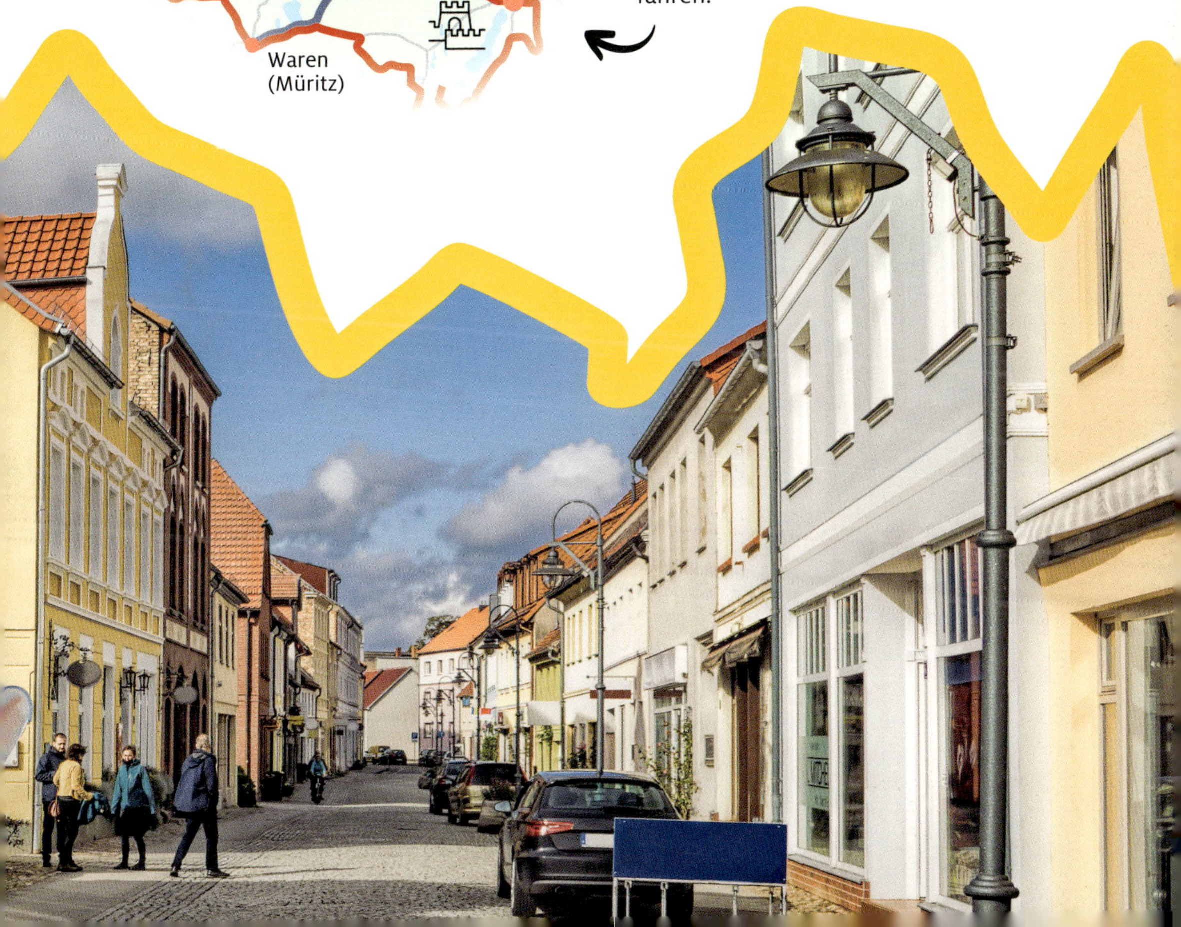

ETAPPE 3

Von Stavenhagen in die Feldberger Seenlandschaft

110 km ca. 2 Std.

Auf der Strecke von Stavenhagen auf der B 104 Richtung Neubrandenburg können Sie hinter Ritzerow einen kurzen Abstecher zur Seifenmanufaktur Galenbeck machen und nicht weit hinter Rosenow einen Stopp bei der Lohnmosterei Gädebehn in einem alten Gutshof einlegen. Neben guten Säften aus lokal angebautem Obst, vor allem Äpfel, Birnen und Quitten, gibt es Käse, Wurst und regionale Feinkost. Nach rund 30 km erreichen Sie **Neubrandenburg**, die Stadt der vier Tore. Ebenso gut wie die mächtigen Stadttore erhalten ist die Stadtmauer, welche die Reste der Altstadt wie einen Ring umschließt. Neubrandenburg ist die größte Stadt an der Mecklenburgischen Seenplatte. Hier kann man auch im Tollensesee direkt vor den Toren der Stadt baden und abends in der historischen Hauptpfarrkirche St. Marien ins Konzert gehen. Die Kirche aus dem 13. Jahrhundert gehört zu den bedeutendsten Bauwerken norddeutscher Backsteingotik. Sie wird als Konzertkirche genutzt und ist bei Musikern wie Besuchern sehr beliebt. Sehr renommiert ist auch die sehenswerte Kunstsammlung Neubrandenburg, die zu den wichtigsten des Landes gehört.

*Etwas nördlich von Stavenhagen wartet eine besondere Naturattraktion: die tausendjährigen **Ivenacker Eichen**. Ein 620 m langer Baumkronenpfad mit einer 40 m hohen Aussichtsplattform bietet einen schönen Rundumblick auf die Kronen dieser einzigartigen Bäume, die als nationales Naturmonument ausgewiesen wurden.*

Weitere Details in der ADAC Trips App

MITTELALTERBURG UND GARTENSCHATZ

Statten Sie auf dem Weg über die B 96 in die Feldberger Seenlandschaft der mittelalterlichen **Burg Stargard** einen Besuch ab. Sie ist das älteste weltliche Bauwerk Mecklenburg-Vorpommerns und die einzige mittelalterliche Höhenburg in Norddeutschland. Vom Burgturm eröffnet sich eine wunderbare Aussicht in die hügelige und seenreiche Landschaft. Außerdem gibt es auf dem Gelände ein Museum und einen historischen Würz- und Kräutergarten mit Gartencafé. Die mehr als 400-jährige Tradition des Weinanbaus wurde vor einigen Jahren wiederbelebt. Es lohnt sich, das Auto abzustellen und auf einem der Waldwege die Umgebung zu erkunden, vielleicht mit einem Abstecher zum Tollensesee.
Südlich davon geht es durch das Tollensebecken am Naturschutzgebiet Nonnenhof und dem kleinen See Lieps vorbei, bis ein Abzweig den Weg zum

Der Garten von Schloss Hohenzieritz ist einer der schönsten Landschaftsgärten der Region.

Schloss und Schlosspark Hohenzieritz weist. Dieses charmante Kleinod sollten Sie sich nicht entgehen lassen. Wer heute als Besucher nach Hohenzieritz kommt, begibt sich auf eine Zeitreise zurück in die Gartenkunst des 18. Jahrhunderts. Mit kleinen Teichen, großen Wiesen, klassizistischem Schloss und Rosenlaube gilt das Juwel als eines der wichtigsten Baudenkmäler Mecklenburg-Vorpommerns. In die Geschichte ging Hohenzieritz vor allem als Sterbeort der Königin Luise von Preußen ein. Am 19. Juli 1810 verstarb hier die hochverehrte Monarchin im Alter von nur 34 Jahren während eines Besuches bei ihrem Vater. Luise wurde zur Legende. An ihrem Lieblingsplatz im Landschaftsgarten ließ ihr Vater einen Gedenktempel errichten.

Die beeindruckende Feldberger Seenlandschaft, hier bei Carwitz, ist eine Endmoränenlandschaft aus der letzten Eiszeit.

ZURÜCK IN DIE SEENLANDSCHAFT

An mehreren kleinen Seen und der Dorfkirche Möllenbeck, an Feldern und Weiden vorbei führt die B 96 nach Feldberg und Carwitz in die Feldberger Seenlandschaft im Südosten. Wie so oft in dieser Region kann man auf der Fahrt den Blick schweifen lassen und die weite Landschaft genießen.

Je weiter Sie in Richtung Süden und je näher Sie der Feldberger Seenlandschaft kommen, desto wasserreicher wird die Umgebung. Der Müritz-Nationalpark und die Mecklenburgische Seenplatte sind nur wenige Kilometer entfernt. Idyllische Seen und beschauliche Flussläufe lohnen einen Umstieg aufs Kanu oder Floss. In Richtung Neuhof und über die Carwitzer Straße erreichen Sie das Ziel dieser Tour, das idyllische Örtchen **Carwitz** an der Grenze zu Brandenburg. Die umgebende Feldberger Seenlandschaft am östlichen Rand der Mecklenburgischen Seenplatte ist noch ein Geheimtipp.

Das malerisch gelegene Anwesen, in dem früher der Schriftsteller Hans Fallada lebte und an seinen literarischen Werken arbeitete, hat heute als ***Hans-Fallada-Museum*** *für Besucher geöffnet.*

Weitere Details in der ADAC Trips App

In einem Haus am Carwitzer See, der mit sechs weiteren Seen verbunden und von Buchen- und Kiefernwäldern umgeben ist, fand der Schriftsteller Hans Fallada fernab der Großstadt den richtigen Ort zum Schreiben. Der Autor, der mit seinen Romanen »Kleiner Mann – was nun?« und »Jeder stirbt für sich allein« berühmt wurde, verfasste hier 18 Bücher. Mit tiefen Wäldern, Mooren, den klaren Seen und kleinen Dörfern eignet sich die Gegend auch wunderbar zum Wandern und Radfahren.

Zu den schönsten Wanderwegen im Reich von Rothirsch, Kranich und Fischadler zählt der zweistündige Fridolinweg, benannt nach Falladas Kinderbuch »Fridolin, der freche Dachs«. Start ist am **Hans-Fallada-Museum**. Es geht durch Carwitz zum See Schmaler Luzin, dann entlang der Uferhänge zur Luzinfähre, einer der letzten handbetriebenen Seilfähren Europas. Über ein begehbares Moor und durch einen alten Wald kommt man wieder in den Ort zurück.

Alte Schule

Auf den Tisch kommt hier feinste regionale Küche. Wer nicht weiterfahren möchte, kann im benachbarten Gebäude auch in gemütlichen Zimmern übernachten.
Zur alten Schule 5 / OT Fürstenhagen, 17258 Feldberger Seenlandschaft, www.hotelalteschule.de

Hotel Hullerbusch

Charmante, traditionsreiche Villa mit 100-jähriger Geschichte, gelegen in einem Naturschutzgebiet inmitten der Seenlandschaft.
Hullerbusch 12 / OT Carwitz, 17258 Feldberger Seenlandschaft, www.hotel-hullerbusch.de

Die Ufer des Plauer Sees bieten zahlreichen Wasservögeln einen Lebensraum, da ist Rücksicht als Wassersportler geboten.

TOUR 2

Ländlich, urban und maritim

Vom Schaalsee über Schwerin nach Rostock

Ganz im Westen beginnt die Tour im Mecklenburgischen Elbtal und verläuft in nördlicher Richtung bis zur Ostseeküste. Die Fahrt geht durch schöne Alleen an kleinen Dörfern, mit Marktplätzen und Kirchen aus rotem Backstein vorbei. Auf der Strecke liegen viele Höhepunkte der Region: die Landeshauptstadt Schwerin, das berühmte Seebad Heiligendamm und die Hansestadt Rostock. Dazwischen lohnen zauberhafte Schlösser und grüne Parks einen Besuch. Jenseits von Schloss Bothmer wird der blaue Himmel weit, Salz liegt in der Luft und die Ostsee ist zum Greifen nah.

Ein nebliger Herbstmorgen am Schaalsee-Kanal lädt zu einem Spaziergang auf dem Damm ein.

●●●
●●●
●●
●●●

Die Tour auf einen Blick

ORTE ENTLANG DER ROUTE

1. Zarrentin – Dömitz – Ludwigslust – Neustadt-Glewe – Schwerin – Schloss Wiligrad – Bothmer – Boltenhagen
2. Boltenhagen – Wismar – Poel – Rerik – Kühlungsborn
3. Kühlungsborn – Heiligendamm – Bad Doberan – Nienhagen – Warnemünde – Rostock

KILOMETER
ETAPPE 1: 213 KM
ETAPPE 2: 82,6 KM
ETAPPE 3: 47,5 KM

Navigation und GPX-Download

REINE FAHRTZEIT
ETAPPE 1: 3½ STUNDEN
ETAPPE 2: 1¾ STUNDEN
ETAPPE 3: 1¼ STUNDEN

ETAPPE 1

Von Zarrentin am Schaalsee nach Boltenhagen

↔ 213 km ca. 3½ Std.

Ausgangspunkt dieser Tour ist der äußerste Westen Mecklenburg-Vorpommerns in Zarrentin am Schaalsee. Stellen Sie Ihr Auto auf dem Parkplatz hinter der Kirche am imposanten Kloster ab und schauen Sie sich ein bisschen um. In dem 1246 errichteten gotischen Zisterzienserkloster werden interessante Führungen angeboten. Schöne Spaziergänge bietet der Rundweg um den Kirchensee und an der Uferpromenade des Schaalsees entlang bis zum Strandbad. Die Schaalseeregion war durch die innerdeutsche Grenze lange Zeit in Vergessenheit geraten und ist noch heute eine nahezu unberührte Landschaft mit seltenen Tieren und Pflanzen. Das UNESCO-Biosphärenreservat Schaalsee umfasst 18 Naturschutzgebiete auf 4400 Hektar. Die Grenze von Mecklenburg-Vorpommern und Schleswig-Holstein verläuft mitten durch den See. Er ist einer der tiefsten Seen Deutschlands. Die Schaalseeregion ist noch ein Geheimtipp und ein Paradies zum Baden, für schöne Wanderungen und Radtouren.

Feine Brände und Gutes aus der Region

Gutshof Schwechow
An den Eichen5, 19230 Schwechow
www.schwechower.com

DURCH MALERISCHE FLUSSLANDSCHAFTEN

Von Zarrentin geht es durch das malerische Mecklenburgische Elbetal auf nach Süden. Es gehört zum UNESCO-Biosphärenreservat Flusslandschaft Elbe-Mecklenburg-Vorpommern und zeigt sich hier als eine Landschaft aus eiszeitlichen Hügelketten und weiten, sanften Ebenen. Die Nebenflüsse der Elbe wie Krainke, Löcknitz, Sude und Schaale waren einst Bestandteile eines einzigen großen Gewässers. Bei Camin überqueren Sie die hier zusammenlaufenden Flüsse Motel und Schilde, die noch weitgehend in ihren ursprünglichen Betten fließen und weiter südlich in die Schaale münden.

Nach knapp 30 km können Sie einen kurzen Abstecher zum **Gutshof Schwechow** einlegen. Die dortige traditionsreiche Obstbrennerei im Gut Schwechow, rund 1 km von der B 5 entfernt, bietet eine große Auswahl an feinen Obstbränden und Likören sowie einen Hofladen mit Feinkost und guten regionalen Produkten. Brennereiführungen und ein Picknick im Park werden ebenfalls angeboten.

Nach rund einer Stunde erreichen Sie das hübsche Fachwerkstädtchen **Dömitz** mit seiner bereits im 16. Jahrhundert angelegten Festung. Zwei Kilo-

Durch den Schaalsee verlief einst die innerdeutsche Grenze, heute ist er Mittelpunkt des UNESCO-Biosphärenreservates.

Schon von der Elbuferstraße sieht man die Binnendünen bei Klein Schmölen.

meter elbaufwärts von Dömitz treffen sich mitten in der Elbe die drei Bundesländer Niedersachsen, Mecklenburg-Vorpommern und Brandenburg. In Dömitz beginnt auch die Müritz-Elde-Wasserstraße, die bis weit in die Mecklenburgische Seenplatte reicht. Bei einer kleinen Pause in einem Café am Hafen von Dömitz hat man einen herrlichen Blick über die Wasserlandschaft. Nicht weit von Dömitz lockt außerdem eine ganz besondere Naturerscheinung. Nahe dem unscheinbaren Örtchen Klein Schmölen, knapp 2 km auf der B 195 von Dömitz entfernt, türmt sich ein echter Superlativ auf: Die größte **Binnendüne** Europas. Das Naturwunder gehört zum Biosphärenreservat Flusslandschaft Elbe. Bis zu 40 m Höhe erreicht das hügelige, sandige Gebiet, durch das ein Lehrpfad führt. Von einem Aussichtspunkt blickt man über das weite Elbetal.

*Barocke Pracht und ein herrlicher Landschaftspark erwarten Besucher von **Schloss Ludwigslust**, der ehemaligen Residenz der Herzöge von Mecklenburg-Schwerin.*

Weitere Details in der ADAC Trips App

VON SCHLOSS ZU SCHLOSS

Rund eine halbstündige Fahrt entfernt, vorbei an Feldern und durch Dörfer, liegt ein Höhepunkt dieser Tour: **Ludwigslust**. Am besten parken können

Sie auf dem Parkplatz am Schlossgarten. Die einstige herzogliche Herrscherresidenz ist ein Juwel in der schönen Landschaft. Es ist eines der größten barocken Schlösser Norddeutschlands, und das einzigartige Ensemble aus Schloss, Park und Stadtanlage hat seit diesen Zeiten nicht einen Funken seines Reizes eingebüßt. Die Blickachse führt über die Wasserkaskaden bis zur Hofkirche, zur Stadt und auf der Gartenseite bis in die gestaltete Natur. Sehenswert sind die Gemäldegalerie, der goldene Saal sowie die Menagerie-Serie mit großformatigen Tiermotiven des französischen Hofmalers Jean-Baptiste Oudry (1686–1755).

Alte Wache

Café und Restaurant direkt am Schloss mit leckerer gutbürgerlicher Küche und schönem Ambiente.
Schlossfreiheit 8, 19288 Ludwigslust,
www.altewache-ludwigslust.de

Tipp: Die Stadtwerke Ludwigslust-Grabow bieten mehrere Ladestationen für Elektroautos, eine davon finden sie am Alexandrinenplatz 5, nicht weit vom Schloss. Praktisch, wenn Sie die Zeit Ihres Schloss-Besuchs nutzen möchten. Das nächste Ziel, **Neustadt-Glewe**, ist über die L 073 nur rund 15 Minuten entfernt.

Die einstige Hauptresidenz der Herzöge von Mecklenburg-Schwerin: Schloss Ludwigslust

UMSTEIGEPUNKT
NEUSTADT-GLEWE

Sehenswertes
in der Umgebung

Schon von Weitem erhebt sich die Burg von Neustadt-Glewe. Die älteste und besterhaltene Wehranlage Mecklenburgs aus dem 13. Jahrhundert besitzt Wandmalereien aus Gotik und Renaissance und für eine Stärkung ein Restaurant mit guter regionaler Küche und Wildspezialitäten. Einen weiten Blick über die Umgebung können Sie vom 28 m hohen Burgturm genießen.

AUSFLUGSTIPP

Neustadt-Glewe ist ein praktischer Umsteigepunkt, wenn Sie weiter in die Mecklenburgische Seenplatte fahren möchten, aber auch eine gute Ausgangsstation für Ausflüge in die **Schaalseeregion** und schöne Radtouren durch die **Lewitz**. Auf dem 95 km langen Radrundweg vorbei an Dörfern, kleinen Museen und Cafés kann man die Lewitz besonders genießen. Als ausgewiesenes Europäisches Vogelschutzgebiet und größte zusammenhängende Wiesen-

landschaft Deutschlands ist sie ein echter Geheimtipp für Naturfreunde. Der Herbst hat hier seinen besonderen Reiz, wenn sich das Laub der alten Eichen goldgelb färbt und das Röhren der Hirsche zu hören ist. Tausende Zugvögel rasten hier, dann ist die Lewitz einmal mehr Schauplatz großartiger Naturspektakel (www.die-lewitz.de).

Naturreservat Lewitz

ZUR TOUR 1

In Neustadt-Glewe können Sie zur Tour 1 umsteigen, um die Mecklenburgische Seenplatte zu entdecken.

Die historische Burg in Neustadt-Glewe dient heute als Event-Location, hier kann ritterlich gefeiert werden.

Der Schweriner See ist nach der Müritz der zweitgrößte See Norddeutschlands.

Sie verlassen Neustadt-Glewe über die L 071 Richtung Wöbbelin und biegen dort auf die L 072 ab, die mehr oder weniger kerzengerade nach Norden führt. In gemütlicher Fahrt geht es mal durch dichten grünen Wald, mal vorbei an weiten Weizenfeldern und Wiesen und durch kleine Dörfer. Aus den kleinen Seitenwegen kommt hin und wieder ein Trecker angefahren. Weniger als 30 km später ist **Schwerin** erreicht, die Landeshauptstadt Mecklenburg-Vorpommerns. Die Straße, jetzt die Ludwigsluster Chaussee, verläuft ein paar Kilometer zwischen dem Ostdorfer und dem Faulen See entlang, die beide aus dem Auto zu sehen sind, dann ragt vor Ihnen **Schloss Schwerin** auf, mit seinen verzierten Türmen und dem barocken Schlossgarten das Wahrzeichen der Stadt. Das Märchenschloss zählt heute zu den bedeutendsten Bauwerken des romantischen Historismus. In der ehemaligen Residenz zahlreicher Herzöge haben heute das Schlossmuseum und der Landtag seinen Sitz. Eine Brücke führt über den Burgsee, der das Schloss umgibt. Wenige Schritte davon entfernt befindet sich ein repräsentativer Platz namens Alter Garten. Umrahmt von den Prachtbauten des Mecklenburgischen Staatstheaters, des Staatlichen

Hotel-Speicher am Ziegelsee

Ein sanierter Speicher am Ufer des Ziegelsees, moderne Zimmer sowie Boots-, Fahrrad- und Elektroautoverleih.
Speicherstr. 11, 19055 Schwerin
www.speicher-hotel.de

Museums Schwerin und des Schlosses bildet er den Eingang zur Altstadt. Von hier aus führen kleine Gassen an Cafés, zahlreichen Restaurants, Geschäften und dem prächtigen Dom vorbei zum **Altstädtischen Marktplatz**, dem Herzen Schwerins. Mitten in der Stadt kann man am Pfaffenteich wunderbar am Ufer entlangspazieren. Auch der Stadtteil Schelfstadt nördlich des Zentrums lohnt mit seinen schönen Fachwerkhäusern und kleinen Läden einen Besuch. Eine Tesla-Ladestation für Ihr Elektroauto finden Sie in der Schusterstr. 13-15, über die Schlossstraße 450 m vom Schloss entfernt.

*Die Geschichte des **Altstädtischen Marktplatzes** von Schwerin reicht bis ins 12. Jahrhundert zurück.*

Weitere Details in der ADAC Trips App

Schwerin ist von sieben Seen umgeben. Auf der Seenrundfahrt und verschiedenen Ausflugsrouten lässt sich die Stadt vom Wasser aus genießen. Einen schönen Blick bietet die B 104. Hinter dem Ziegelsee auf der rechten Seite überquert man den Schweriner See und hat eine wundervolle Aussicht zu beiden Seiten. Wer die schöne Wasserlandschaft noch mehr genießen will, steigt auf das Fahrrad um und fährt am Ufer an den Seen entlang. Schöne Wege zum Spazieren gibt es ebenfalls .
Eine weitere wunderbare Aussicht auf den Schweriner See hat man vom nördlich gelegenen **Schloss Wiligrad**, das Sie über die B 106 erreichen. Der Park lädt zu schönen Spaziergängen ein und der im Schloss ansässige Kunstverein veranstaltet regelmäßig Ausstellungen mit moderner und zeitgenössischer Kunst. Unterhalb bietet das zur Schlossgärtnerei gehörige Café mit Hofladen Kaffee und Kuchen. Zurück auf der

Das Schweriner Schloss, das wohl prächtigste der Region, ist heute Sitz den Landtages von Mecklenburg-Vorpommern.

Schloss Basthorst
Stilvolles Gutshaus am Glambecker See, gut 20 km von Schwerin entfernt, mit gutem Restaurant und großem Wellnessbereich.
www.schloss-basthorst.de

B 106 biegen Sie bei Glashagen auf die ländliche L 031 ab und folgen dieser und später der L 03 vorbei an der kleinen Stadt Grevesmühlen nach Klütz zum Schloss Bothmer. Die Fahrt führt durch Raps und Weizenfelder, zwischendurch passiert man immer wieder ein Stück Wald und moorige Niederungen. Auf den weiten Wiesen sind vor den angrenzenden Wäldern im Herbst häufig Rehe zu sehen.

DIE OSTSEE NAHT

In der küstennahen Landschaft des Klützer Winkels erhebt sich das barocke **Schloss Bothmer** mit seiner leuchtenden roten Backsteinfassade. Nur 4 km südlich der Ostsee liegt es inmitten eines idyllischen, sieben Hektar großen Parks auf einer Insel, die nach niederländischem Vorbild von einem Wassergraben umgeben ist. Zu betreten ist die gesamte Anlage nur über die Zufahrt am südlichen Ende der Schlossinsel. Prächtige Alleen mit alten Linden führen zum Schloss. Seine Existenz verdankt das Bauwerk dem abenteuerlichen Lebensweg des Grafen Hans Caspar von Bothmer. Auf dem Gipfel seiner Karriere angelangt, lebte er in London in der legendären Downing Street Num-

Das weniger bekannte Schloss Wiligrad thront hoch über dem Schweriner Außensee.

Schloss Bothmer ist die größte noch erhaltene Barockanlage in Mecklenburg-Vorpommern.

mer 10. Von dort aus ließ er sich ab 1726 die prächtige Anlage im Klützer Winkel errichten und brachte somit ein Stück England nach Mecklenburg.

Ganz in der Nähe erinnert in **Klütz** in einem umgebauten Getreidespeicher unweit des Marktplatzes das Literaturhaus Uwe Johnson in einer Dauerausstellung mit zahlreichen Bildtafeln und Schaukästen an den Mecklenburger Schriftsteller. International bekannt wurde Johnson (1934–84) vor allem mit seinem vierbändigen Werk »Jahrestage. Aus dem Leben von Gesine Cresspahl«. Seine Hauptfigur lebte in Jerichow, was sehr an Klütz erinnert. Selbst hat Uwe Johnson allerdings nie in Klütz gelebt. Von Klütz ist es über die L03 nur noch ein Katzensprung zum Ostseebad **Boltenhagen**. Genau der richtige Ort, um sich die Seeluft um die Nase wehen zu lassen, ins Meer zu springen und bevor es weitergeht das maritime Flair zu genießen: kilometerlanger Strand, Seebrücke, Kurpromenade, farbige Holzhäuschen aus den 1920er-Jahren mit netten Läden, Cafés und Restaurants – Gründe genug, um ein bisschen zu bleiben.

Villa Seebach

Traditionsreiche Unterkunft mit charmanten Zimmern sowie Restaurant und Café in Strandnähe mit großer Terrasse und guter regionaler Küche.
Mittelpromenade 28, 23946 Ostseebad Boltenhagen, www.villa-seebach.de

ETAPPE 2

Von Boltenhagen nach Kühlungsborn

⟷ 82,6 km ca. 1¾ Std.

Von nun an fahren Sie die Küste entlang. Von Boltenhagen über die L 01 mit Blick aufs Meer zur Linken ist nach einer knappen halben Stunde die Hansestadt **Wismar** erreicht. Da die gesamte Altstadt verkehrsberuhigt ist, stellen Sie Ihr Auto am besten auf einem der größeren Parkplätze am Hafen oder Bahnhof ab und erkunden Wismar zu Fuß. Ladestationen der Stadtwerke Wismar finden Sie auf dem Parkplätzen Altstadt-Turmstraße und Altstadt-Hafen.
Die wunderschön sanierte Altstadt gehört seit 2002 zum UNESCO-Weltkulturerbe. Mit prächtigen Giebelhäusern, kleinen Gassen und dem alten Hafen ist die Stadt mindestens genauso schön wie zu ihrer Blütezeit im Mittelalter. Eines der ältesten Häuser steht am Marktplatz, das Gasthaus Alter Schwede von 1380. Mit wunderschönen Treppengiebeln, Schmuckfenstern und Verzierungen ist es ein wahres Schmuckstück der Backsteingotik. Mitten auf dem Platz steht das Wahrzeichen von Wismar, die **Wasserkunst**. Der zwölfeckige Pavillon wurde Ende des 16. Jahrhunderts gebaut und versorgte 300 Jahre lang die Stadt mit Wasser. Von den drei imposanten Backsteinkirchen ist die Georgenkirche die größte. Sie besitzt eine Aussichtsplattform, von der sich ein wunderbarer Ausblick über die Stadt bietet.

Stadthotel Stern
Das moderne Hotel in Wismars Altstadt verwöhnt mit Wellnessangeboten und hat auch ein Restaurant.
Lübsche Straße 9, 23966 Wismar,
www.stadthotel-stern.de

Seeperle
In der Seeperle am Westhafen von Wismar gibt's frischen Fisch, feine Küche und Aussicht vom Oberdeck.
Schiffbauerdamm 3, 23966 Wismar,
www.seeperle-wismar.de

AUF ZUM STRAND

Nach einem ausgiebigen Stadtbummel in Wismar können Sie auf der **Insel Poel** ein paar entspannte Stunden am Strand verbringen. Allein die halbstündige Fahrt dorthin ist ein Erlebnis. Von der L 121 und der Brücke zur Insel Poel eröffnen sich herrliche Ausblicke auf die Ostsee. Poel ist mit 37 km² die drittgrößte Insel an der Mecklenburgischen Ostseeküste. Schön sind die kilometerlangen weißen Strände von Gollwitz bis nach Timmendorf. Gut parken kann man in **Gollwitz** im Norden. Der Hauptort mit einem Hafen und

Die Wismarer »Wasserkunst« wurde im 16. Jahrhundert im Stil der niederländischen Renaissance erbaut.

Ein Strandtag zwischendurch ist die perfekte Ergänzung zum Abwechslungsreichtum auf der Tour nach Rostock.

1
2
2
3
4

Einkaufsmöglichkeiten ist **Kirchdorf**. Schicke Villen sucht man hier vergebens, die Insel ist sehr naturbelassen, ideal zum Radfahren oder Wandern. Warum also nicht hier von vier Rädern auf zwei wechseln und auf einer entspannten Inselrundtour die Landschaft Poels erkunden. Eine abwechslungsreiche Route führt auf einer Länge von rund 60 km zu Stränden, einer Vogelschutzinsel, durch Küstenwald und Dünenlandschaft. Fahrradverleihe gibt es auf der Insel.

Von Poel geht es dann mit dem Auto eine gute halbe Stunde auf der L 12 und über die Kreisstraße K 7 parallel zur Küste weiter bis zum Ostseebad **Rerik**. Landwirtschaft prägt die Gegend, aber je näher die Küste rückt, desto häufiger sieht man jetzt auch Ferienunterkünfte. Wer vor Rerik in die Wustrower Straße links abbiegt, kann bei der Seebrücke Reriks die Ostsee sehen und nach links am Salzhaff ein Stück am Strand entlangfahren. Hier kann man auch das Auto abstellen und dann durch den Ort schlendern. Auf der einen Seite liegt das Meer mit weißem, feinsandigem Strand und auf der anderen das Salzhaff, ein beliebtes Revier für Surfer und Kiter. Rerik ist ein entspannter Ort. Am Haffplatz gibt es Cafés, Restaurants und ein paar Geschäfte. Dahinter liegt der Hafen mit Fischer- und kleinen Segelbooten.

Vielmeer

Beliebte Location mit großer Terrasse direkt am Hafen mit modernen, kreativen Gerichten und Fokus auf Regionalität.
Hafenstr. 4, 18225 Kühlungsborn, www.vielmeer.com

JUGENDSTIL AN DER SEE

Nur 12 km sind es von Rerik zum Etappenziel, dem Ostseebad Kühlungsborn. Auf halber Strecke lohnt ein Stopp am **Leuchtturm Bastorf** – der Aufstieg wird mit weitem Blick über Wiesen bis

Nach 55 Stufen hinauf auf den ***Leuchtturm Bastorf*** *kann man einen Weitblick über die Landschaft genießen.*

Weitere Details in der ADAC Trips App

zur Ostsee belohnt. Am Fuß des Turms lädt das Café Valentins zu Kaffee und leckeren Torten ein.

Mit sanierten Jugendstilvillen, modernen Hotels, Seebrücke, Cafés, Restaurants, Geschäften, einer Kunsthalle mit wechselnden Ausstellungen und einem 6 km langen Strand zählt **Kühlungsborn** zu den schönsten Badeorten an der Ostseeküste. Kühlungsborn West und Ost verbindet eine über 3 km lange Promenade. Wer ein Stück reisen möchte wie in alten Zeiten, kann am Bahnhof Kühlungsborn West mit der historischen Dampfeisenbahn »Molli« nach Bad Doberan und zurückfahren. Am Molli-Museum am Bahnhof in Kühlungsborn kann man mehr über diese besondere Schmalspurbahn aus dem 19. Jahrhundert erfahren.

Boutiquehotel »Weißt Du noch«

Romantische Zimmer, Suiten, Apartments und Cottages mit Sauna und Garten, verteilt auf mehrere Gebäude.
Friedrich-Borgwardt-Str. 2a,18225 Kühlungsborn, www.ostseeurlaub-weisst-du-noch.de

Die achteckige Turmspitze der Poeler Inselkirche ragt aus einem Rapsfeld heraus.

ETAPPE 3

Von Kühlungsborn nach Rostock

47,5 km ca. 1¼ Std.

Von Kühlungsborn geht es rund 10 km weiter auf der L 12 an einem Küstenwald entlang zum Seebad **Heiligendamm**, das sich in strahlendem Weiß an der Ostseeküste erstreckt. In dem eleganten Gebäudeensemble, das einst nach dem Vorbild südenglischer Seebäder errichtet wurde, nahm das Vergnügen an der Küste seinen Anfang. Herzog Friedrich Franz I. von Mecklenburg-Schwerin nahm auf Anraten seines Leibarztes ein gesundheitsförderndes Bad in der Ostsee. Um auch anderen Menschen diesen Genuss zu ermöglichen, gründete er 1793 in dem damals noch unscheinbaren Heiligendamm das erste Seebad Deutschlands. Es entstand ein ganzes Ensemble repräsentativer Gesellschafts- und Logierhäuser im Stil der modernen klassizistischen Berliner Schule – die »Weiße Stadt am Meer«. Seit der Gründung war es das eleganteste Seebad Deutschlands. Der europäische Hochadel sowie die Zarenfamilie verbrachten hier ihre Sommerfrische. Nach der damaligen Mode wurden die Gebäude in einen englischen Landschaftspark eingebettet. Bäume, Wiesen, Strand und Meer bilden eine Einheit, die damals wie heute den einzigartigen Charme Heiligendamms ausmachen. Nach langjähriger Rekonstruktion wurde das historische Ensemble 2003 als Grand Hotel Heiligendamm eröffnet. Hier kann man wunderbar durch den Park flanieren und im Café des Grand Hotels Heiligendamm Kaffee und Kuchen mit Ausblick auf die Ostsee genießen. Das Gourmetrestaurant Franz Friedrich im Haus serviert Sterneküche.

ZU ALTEN KULTURSCHÄTZEN

Hinter Heiligendamm führt die Route landeinwärts und erreicht auf einer der schönsten und längsten Lindenalleen Deutschlands in rund zehn Minuten das charmante Städtchen **Bad Doberan**. Die Stadt verdankt ihre Gründung einem Schwan. Als Fürst Borwin im 12. Jahrhundert auf der Jagd nach einem Hirsch war, schreckte er einen Schwan auf, der »dobr, dobr« rief, was im Slawischen »gut, gut« bedeutet. So erhielt die Stadt ihren Namen Doberan. Schwan und Hirsch sind heute noch im Wappen. Sehenswert ist das Doberaner Münster, ein Meisterwerk norddeutscher Backsteingotik, mit schönem Park

Torhaus

Das älteste profane Gebäude in Bad Doberan beherbergt einen Klosterladen und Café mit regionalen Produkten.
Klosterstr. 1a, 18209 Bad Doberan,
www.torhaus-doberan.de

Als erste Seebrücke nach der Wiedervereinigung wurde die Seebrücke Kühlungsborn 1991 eingeweiht.

Eines der beiden Warnemünder Molenfeuer an der Einfahrt in die Unterwarnow

und Klosteranlage. Der reich vergoldete, um 1300 gefertigte Hochaltar gilt als der älteste Flügelaltar der Kunstgeschichte und ist von Weltrang.

IM GESPENSTISCHEN WALD

Die nächste Station ist das Seebad **Nienhagen**. Hier kann man entspannte Stunden am Strand verbringen und durch den kleinen Ort mit Geschäften, Cafés und Restaurants schlendern. Die Hauptattraktion in Nienhagen ist der **Gespensterwald**, ein Stück Küstenwald, dessen Bäume durch die salzhaltige, feuchte Seeluft und den Wind im Lauf vieler Jahre bizarr geformt wurden. Seinen magischen Zauber entfaltet der Wald aus bis zu 170 Jahre alten Eichen, Buchen, Hainbuchen und Eschen vor allem zur Dämmerung.

Nach rund 10 km erreichen Sie über die Hauptstraße **Warnemünde**. Das Seebad bei Rostock hat seinen Namen von dem Flüsschen Warnow, das hier in die Ostsee fließt. Die Promenade, der schöne Strand, Leuchtturm und Mole machen Warnemünde zu einem beliebten Urlaubs- und Ausflugsziel für ein paar Stunden wie für mehrere Tage.

Fischerklause
100 Jahre alte Fischgaststätte mit guter Küche direkt an der Warnemünder Mole.
Am Strom 123, 18119 Warnemünde,
www.fischer-klause.de

Warnemünde

Weitere Details in der ADAC Trips App

IN DIE ALTE HANSESTADT

Maritimes Flair, mittelalterlicher Charme und viele Sehenswürdigkeiten laden zu einem Besuch von **Rostock** ein, nur 10 km von Warnemünde entfernt. Der neue Markt ist der Mittelpunkt der liebenswerten Stadt, gesäumt von prächtigen Giebelhäusern, in denen einst Patrizier wohnten. Wahrzeichen ist die monumentale Marienkirche mit der astronomischen Uhr. Zum Flanieren lädt die Fußgängerzone in der Altstadt ein. Die Kunsthalle bietet wechselnde Kunstausstellungen, das Schifffahrtsmuseum zeigt mehr als 12 000 Ausstellungsstücke. Ein schönes Plätzchen zum Essen oder Kaffeetrinken findet man am Stadthafen. Jedes Jahr im August zieht die Hanse Sail rund eine Million Besucher nach Rostock. Höhepunkt des Riesenspektakels mit Traditionsseglern, Musik und Rummel ist das Mitsegeln auf den großen Windjammern.
Wenn Sie den Stadtrundgang nutzen möchten, um ihr E-Fahrzeug aufzuladen: Die Stadtwerke Rostock unterhalten diverse Ladestationen in Zentrumsnähe (www.swrag.de, Menüpunkte Privatkunden, Ökomobilität und Öffentliches Laden).

Café und Hotel Ringelnatz
Gemütliches Hotel mit Kunst, sehr gutem Frühstück, Café und Weinlounge.
Alexandrinenstr. 60, 18119 Warnemünde,
www.ringelnatz-warnemuende.de

Der Neue Markt war das wirtschaftliche Zentrum Rostocks im Mittelalter.

Der Ostseewind und zahlreiche Stürme prägten das Aussehen des Gespensterwaldes bei Nienhagen.

TOUR 3

Zwischen Meer und Bodden

Von Güstrow über den Darß nach Stralsund

Von der Barlach-Stadt Güstrow geht es über die Hansestadt Rostock auf die wildromantische Halbinsel Fischland-Darß-Zingst. Die einstigen drei Inseln wurden früher von Seefahrern, Fischern und Piraten bewohnt. Heute gehört die Region zwischen Bodden und Meer zu den beliebtesten Urlaubszielen Mecklenburg-Vorpommerns. Lange weiße Sandstrände, die Vorpommersche Boddenlandschaft, der Darßer Urwald und die ehemalige Künstlerkolonie Ahrenshoop machen diesen Landstrich so reizvoll. Die Tour endet in Stralsund, einer der schönsten Städte der Region und UNESCO-Weltkulturerbe.

Die Reetdachdeckerei, hier in Fischland-Darß, wurde von der UNESCO in die Liste des immateriellen Kulturerbes aufgenommen.

Die Tour auf einen Blick

ORTE ENTLANG DER ROUTE

1. Güstrow – Schwaan – Rostock – Graal-Müritz – Ribnitz-Damgarten – Dierhagen

2. Dierhagen – Wustrow – Ahrenshoop – Born – Wieck

3. Wieck – Prerow – Zingst – Barth – Stralsund

KILOMETER
ETAPPE 1: 117 KM
ETAPPE 2: 36 KM
ETAPPE 3: 58 KM

Navigation und GPX-Download

REINE FAHRTZEIT
ETAPPE 1: 2½ STUNDEN
ETAPPE 2: ½ STUNDE
ETAPPE 3: 1¼ STUNDEN

ETAPPE 1

Von Güstrow nach Dierhagen

117 km ca. 2 ½ Std.

Zu Beginn der Tour lohnt in **Güstrow** (S. 44) ein Besuch des bedeutenden Renaissanceschlosses, des Atelierhauses des Künstlers Ernst Barlach sowie ein Bummel durch die Altstadt. Durch ländliches Gebiet aus Feldern und Wiesen erreichen Sie nach 20 Minuten auf der L 142 den Ort **Schwaan**. An den Ufern von Warnow und Beke gelegen, umgeben von malerischen Flusslandschaften, lockte Schwaan schon vor 120 Jahren Künstler an. Für einige Maler war die reizvolle kleine Ackerbürgerstadt der richtige Ort für die 1892 gegründete Künstlerkolonie. Dazu gehörten die Einheimischen Franz Bunke, Rudolf Bartels, Peter Paul Draewing wie auch der gebürtige Hamburger Alfred Heinson. Zu sehen sind ihre Werke und die der anderen Kolonisten in den historischen Mauern der alten Wassermühle, der heutigen Gemäldegalerie namens **Kunstmühle**. Die Künstler nahmen Einflüsse des Impressionismus und Expressionismus in ihre Malerei auf und sorgten für Anerkennung der Freilichtmalerei in Mecklenburg.
Auf drei verschiedenen Künstlerpfaden kann man sich auf Spurensuche begeben und die Orte aufsuchen, an denen die Werke entstanden sind. Ausgangspunkt für die Spaziergänge ist das Kunstmuseum. Die Wege führen durch die Innenstadt, durch eine wunderschöne Birkenallee, an das Ufer der Warnow, in benachbarte Dörfer und die schöne Landschaft in der Umgebung von Schwaan.
Der L 132 von Schwaan aus folgend erreichen Sie nach rund 20 km bereits die Hansestadt **Rostock**.

*Mecklenburgische Malerei des 19. und 20. Jahrhunderts zeigt das **Kunstmuseum Schwaan**.*

Weitere Details in der ADAC Trips App

Altstadt Güstrow

Das Renaissanceschloss Güstrow vereint italienische sowie französische Elemente mit nordeuropäischem Stil.

UMSTEIGEPUNKT
ROSTOCK

Sehenswertes
in der Umgebung

Die große Universitätsstadt blickt auf eine lange Geschichte zurück. Von ihrer Blüte als Hansestadt zeugen die Kirchen der Backsteingotik und die stolzen Kaufmannshäuser. Die Altstadt und die beliebte Fußgängerzone Kröpeliner Straße laden zum Bummeln ein. Museen und Theater bieten reichlich Kulturprogramm und der Stadthafen eine bunte und vielfältige Gastronomieszene.

AUSFLUGSTIPP
Von Rostock kann man einen wunderbaren Abstecher in das benachbarte Seebad **Warnemünde** machen, das nur 10 km entfernt liegt.
Ebenfalls nicht weit von der Stadt entfernt erstreckt sich in nordöstlicher Richtung die **Rostocker Heide**, Deutschlands größter Küstenwald. Mehr als 60 km an Rad- und Wander-

wegen sorgen hier für absoluten Naturgenuss zwischen Wiesen, Mooren, Laub- und Nadelwäldern.
Wer einen Kurztrip nach Skandinavien unternehmen möchte, kann ab Rostock mit der Fähre nach Gedser in Süddänemark und nach Trelleborg in Südschweden übersetzen.

Der »Teepott« in Warnemünde

ZUR TOUR 2
In Rostock können Sie zur Tour 2 umsteigen und über Kühlungsborn, Wismar und Schwerin in die Schaalseeregion fahren.

Am linken Ufer der Unterwarnow erstreckt sich die Rostocker Skyline, links die Petrikirche, rechts davon die Nikolaikirche.

*Die Anfänge des Ostseeheilbads **Graal-Müritz** reichen weit ins 19. Jahrhundert zurück.*

Weitere Details in der ADAC Trips App

Durch kleine Ortschaften geht es entspannt auf der L 22 weiter und mitten durch die **Rostocker Heide**. Lassen Sie sich Zeit, öffnen Sie das Autofenster und genießen Sie die Wald- und Seeluft, während der Küstenwald aus hochgewachsenen Birken und Kiefern an Ihnen vorbeizieht. Dahinter erreichen Sie **Graal-Müritz**. Das Ostseebad ist das Tor zur beliebten Urlaubsregion Fischland-Darß-Zingst. Mit der frischen Seeluft, einem 5 km langen Sandstrand und umrahmt von dichten Wäldern bietet es ein gesundes Heilklima. Schon Mitte des 19. Jahrhunderts kamen Kurgäste hierher, darunter viele Künstler und Schriftsteller wie Kurt Tucholsky, Erich Kästner und Franz Kafka. Bekannt ist das gemütliche Seebad auch für seinen Rhododendronpark, in dem ab Mai über 2000 Sträucher blühen.

DAS GOLD DER OSTSEE

Von Graal-Müritz aus lohnt der Umweg über die Bernsteinstadt **Ribnitz-Damgarten** für den Besuch des einzigartigen Deutschen Bernsteinmuseums im ehemaligen Klarissenkloster Ribnitz. Hier erfährt man alles über das Gold des Meeres. Ausgestellt sind viele seltene Stücke, wie ganze Schachbretter

Die Rostocker Heide bietet über 60 Kilometer an Rad- und Wanderwegen.

Nur eines von vielen Ausstellungsstücken im Deutschen Bernsteinmuseum

aus Bernstein, sowie eine Nachbildung des berühmten verschollenen Bernsteinzimmers.

Tipp: In der Bernsteingalerie nur wenige Schritte vom Museum entfernt, gibt es schöne in Silber gefasste oder mit Perlen besetzte Schmuckstücke aus Bernstein von zeitgenössischen Designern.

AB IN DIE SONNE

Von Ribnitz mit seinem großen Marktplatz, den hübsch sanierten Häusern, Cafés und Restaurants führt die Tour über die L 21 und L 22 am Rand der Rostocker Heide zurück an die Küste ins Ostseebad **Dierhagen** ganz im Süden der Halbinsel Fischland-Darß. Der Ort gilt als einer der sonnenreichsten der Ostseeküste. Zwischen Meer und Bodden gelegen, ist der Ort bei Badeurlaubern wie Seglern und Surfern beliebt. Es gibt einen schönen Strand, einen kleinen Kurpark, Restaurants und Unterkünfte sowie zwei Häfen, in denen auch Zeesboote, traditionelle Schwertboote zur Segelfischerei, vor Anker liegen und zum Mitsegeln einladen.

Wellenreiter

Mal in den Schlaf schaukeln lassen? Das geht auf den schwimmenden Ferienhäusern im Hafen von Ribnitz-Damgarten. Die Räume sind schön, die Ausstattung ist gut, und von der Terrasse auf dem Dach hat man einen tollen Blick auf den Bodden. www.wellenreiter-ferienhaus.de

Der feinkörnige weiße Sandstrand von Warnemünde lädt in einer lauen Sommernacht zum Verweilen ein.

ETAPPE 2

Von Dierhagen nach Wieck

⟷ 36 km ca. ½ Std.

Ab Dierhagen reiht sich ein Ostseebad an das andere. Schon die Fahrt über die Halbinsel Fischland-Darß ist ein Genuss. Von Seebad zu Seebad sind es nur wenige Kilometer, und jedes ist einen Stopp wert. Die Fahrt geht an kleinen Häusern mit bunt bemalten Türen vorbei, von der Ostsee weht eine frische Brise durchs Fenster. Direkt ans Meer kommt man mit dem Auto nicht, dafür gibt es alle paar Meter einen Zugang zu dem kilometerlangen feinsandigen weißen und von Dünen gesäumten Strand. Als ersten Ort an der Strecke erreichen Sie das Ostseebad **Wustrow** an der schmalsten Stelle zwischen Strand und Bodden. Hier lohnt es sich die 95 Stufen auf den Turm der Kirche Wustrow hinaufzusteigen. Oben angekommen hat man einen weiten Blick über den Ort, auf reetgedeckte Häuser, den Saaler Bodden und die Ostsee.
Tipp: Die Halbinsel mit ihren Steilufern, Buchten und Nehrungen ist ideal für schöne Radtouren. Fahrradverleihe für kürzere oder längere Touren durch die Boddenlandschaft finden Sie in jedem Ort.

KUNST AM BODDEN

Zu den bekanntesten Seebädern auf dem Darß gehört **Ahrenshoop**. Der Ort ist als einstige Künstlerkolonie in die Geschichte eingegangen. Es sind das besondere Licht und die Landschaft an der Ostsee, die Künstler damals wie heute anlocken und inspirieren. Bereits vor über hundert Jahren, auch als Reaktion auf die fortschreitende Industrialisierung und die sich immer

schneller entwickelnden Großstädte, zieht die Küstenlandschaft der Ostsee Künstler unterschiedlicher Genres an. Sie wird Sehnsuchtsziel und Zufluchtsort. Die Ursprünglichkeit, in der Menschen mit der Natur leben, inspiriert sie. Hier finden sie ihre Motive: Dorfbewohner, Fischer, Steilküste, Wälder und immer wieder das Meer – mal in kräftigen Farben, mal sanft in den Himmel übergehend, mal abstrakt oder expressionistisch.
In Ahrenshoop bildet das 1909 eröffnete Ausstellungshaus Kunstkaten noch heute als Galerie der Kurverwaltung das kulturelle Zentrum des Ortes. Zahlreiche Bilder von Müller-Kaempff, dem Begründer der Künstlerkolonie, hängen im Haus Fischerwiege des Hotel Namenlos. Wer durch die Dorfstraße, den Strandweg und den Weg zum Hohen Ufer geht, spaziert auf den Spuren der Künstlerkolonie und kommt an zahlreichen Künstler- und

*Das **Kunstmuseum Ahrenshoop** zeichnet die Geschichte der Künstlerkolonie nach und zeigt Werke von Künstlern, die in der Region gewirkt haben.*

Weitere Details in der ADAC Trips App

Hölzerne Zeesenboote liegen im Hafen von Wustrow.

Der Nationalpark Vorpommersche Boddenlandschaft lohnt zu jeder Jahreszeit den Besuch.

Atelierhäusern vorbei. An der Kliffkante angelangt, eröffnet sich einer der schönsten Ausblicke samt Küstenlandschaft mit drei großen windzerzausten Pappeln. Viele Cafés und Restaurants laden zum Verweilen ein.

BESCHAULICHE NATURIDYLLE

Von dem meist gut besuchten Ahrenshoop fährt man über die Dorfstraße nur wenige Minuten weiter in die kleinen Orte **Born** und **Wieck** mit weitem Blick auf die Boddenlandschaft. In den liebe-

voll sanierten und idyllisch gelegenen Boddendörfern an der Südspitze des Darß geht es geruhsamer zu. Ehemalige Bauern- und Kapitänshäuser mit bunt bemalten Türen prägen die Gegend. Beide Orte sind ein idealer Ausgangspunkt für Touren in den Darßwald und in den **Nationalpark Vorpommersche Boddenlandschaft**, den mit 786 km² drittgrößten Nationalpark Deutschlands (www.nationalpark-vorpommersche-boddenlandschaft.de). Er erstreckt sich von der Südspitze des Darß bis nach Pramort an der östlichen Spitze der Halbinsel Zingst und schließt die Insel Hiddensee ebenso ein wie Teile Rügens. Heute leben dort Rehe, Wildschweine, Rot- und Damwild sowie Mufflons. Europaweit bedeutsam ist der Park für Zugvögel. Im Herbst sind es über 150 verschiedene Arten, allein rund 60 000 Kraniche.

Viel Wissenswertes über die Vorpommersche Boddenlandschaft erfährt man in Wieck in der **Darßer Arche**, dem modernen Nationalpark- und Gästezentrum. Eine multimedial und interaktiv gestaltete Ausstellung gibt hier Einblicke in die Entstehung und die Vielfalt dieser besonderen Landschaft und ihrer Lebensräume.

Romantik Hotel Namenlos
Das traditionsreiche Hotel hat auch ein Restaurant und Café.
Dorfstr. 44, 18347 Ostseebad Ahrenshoop, www.hotel-namenlos.de

Charlottenhof Ahrenshoop
Die älteste Pension Ahrenshoops von 1855 ist hübsch saniert, mit stilvollen modernen Zimmern, schöner Terrasse – und die beste Adresse für Kaffee und Kuchen.
Grenzweg 3, 18347 Ostseebad Ahrenshoop, www.charlottenhof-ahrenshoop.de

Noch immer fasziniert die Landschaft zwischen Ostsee und Bodden: malerischer Blick auf den Strand in Ahrenshoop

ETAPPE 3

Von Wieck nach Stralsund

58 km ca. 1¼ Std.

Von Wieck führt die Strecke weg vom Bodden und ein kurzes Stück an einem dicht bewachsenen Waldgebiet vorbei nach **Prerow**. Hier gibt es gleich zwei Strände. Dahinter liegen der urwüchsige Darßwald und der Prerowstrom. Eine Brücke führt zum Hafen oder nördlich zur Seebrücke. Stellen Sie Ihr Auto im Ort ab, einen Parkplatz finden Sie z.B. am Bernsteinweg, und schlendern Sie ein bisschen durch den beliebten Urlaubsort. Der 100 Meter breite **Nordstrand** mit weißem Sand und klarem Wasser gilt als einer der schönsten Deutschlands. Auf der über 100 Jahre alten Strandpromenade finden Sie kleine reetgedeckte Lädchen und Cafés. Genießen Sie im Strandkorb den Blick auf das offene Meer und lassen Sie den Sand durch Ihre Finger rieseln.

*Der lange, breite Sandstrand von **Prerow** gilt als einer der schönsten des Landes.*

Weitere Details in der ADAC Trips App

Hotel Schlösschen Sundische Wiese
Historisches Jagdhaus im Nationalpark mit Café und Biergarten. Es gibt auch Zimmer.
Landstr. 32, 18374 Ostseeheilbad Zingst
www.hotelschloesschen.de

Der **Weststrand** ist traumhaft und für seinen rauen Charme bekannt. Die Bäume, die sogenannten Windflüchter, sind vom Seewind gebürstet und wachsen bis an die Dünen heran. Bei einem Spaziergang an dieser wildromantischen Seite von Prerow kann man »Hühnergötter«, Steine mit einem natürlich entstandenen Loch, oder versteinerte Seeigel finden. Zum Weststrand gelangt man nach einer 4 km langen Wanderung zu Fuß oder per Rad. Ihr Auto stellen Sie dafür am besten auf dem Parkplatz Drei Eichen ab.
Das **Natureum**, eine Außenstelle des Meeresmuseums Stralsund, am Leuchtturm Darßer Ort zeigt die Entwicklung der Darßlandschaft. Vom alten Leuchtturm eröffnet sich eine wunderbare Aussicht auf diesen besonderen Landstrich, zu erreichen nur zu Fuß oder mit dem Rad. Von Prerow sind es 5 km.

FOTOSTOPP ZINGST

Dem Küstenverlauf folgend führt die Tour weiter Richtung Osten. Kurbeln Sie die Fenster runter, genießen Sie die frische Meeresbrise und die grüne Küstenlandschaft. Bis zur nächsten Station, **Zingst**, sind es nur 15 Minuten. Es ist der größte Badeort der Region, gleichzeitig steht der Name für die Halbinsel Zingst. Auch hier gibt es eine

Die Meiningenbrücke zwischen Zingst und dem Festland dreht sich bei Bedarf zur Öffnung für den Schiffsverkehr. Dann müssen Autos und Fußgänger warten.

lange Strandpromenade, einen wunderschönen Strand, einen kleinen Hafen am Bodden und eine Seebrücke. Fotografiebegeisterte sind im modernen **Max Hünten Haus** richtig, dort finden regelmäßig Workshops und Ausstellungen statt und es gibt eine umfangreiche Bibliothek. Jedes Jahr im Frühsommer wird das Umweltfotofestival »horizonte zingst« veranstaltet, das weit über die Grenzen des Landes einen Namen hat, und ganz Zingst samt Strand in eine riesige Open-Air-Galerie verwandelt. **Tipp:** Machen Sie im Frühjahr oder im Herbst eine Radtour an die Ostspitze von Zingst und erleben Sie vom Kranichrastplatz Pramort ein beeindruckendes Schauspiel, wenn die Kraniche beim Anflug zu ihrem Schlafplatz eine keilförmige Formation bilden. Zu Tausenden machen sie hier Station bevor sie weiterfliegen.

Hotel Marks

Modernes kleines Hotel mit Saunagarten und Blick auf die Vogelschutzinsel Kirr, nicht weit vom Zentrum, Hafen und Strand. Weidenstr. 17, 18374 Ostseeheilbad Zingst, www.hotel-marks.de

MYTHOS DER VERSUNKENEN STADT

In Zingst verlassen Sie die Küste und fahren auf einer schmalen Landzunge ins kleine Städtchen **Barth**. Zu beiden Seiten erstrecken sich während der kurzen Fahrt die Bodden, die einer Seenlandschaft gleichen. Einst soll sich

In der Hafenstadt Barth findet man restaurierte Bürgerhäuser, aber auch mittelalterliche Gassen.

Hotel Speicher Barth
In dem umgebauten alten Kornspeicher am Hafen residieren heute ein Hotel mit gemütlichen Zimmer und ein Restaurant.
Am Osthafen 2, 18356 Barth,
www.speicher-barth.de

hier die sagenumwobene Stadt Vineta befunden haben, die mit ihren hochmütigen Bewohnern im Meer versank. Was es mit diesem Mythos auf sich hat, wird im Vineta-Museum in Barth erläutert. Einen realen weiten Ausblick auf die Boddenlandschaft können Sie von der Aussichtsplattform des Barther Kirchturms genießen.

HANSEFLAIR UND EIN BLICK UNTER WASSER

Nach rund 30 km, vorbei an Raps- und Weizenfeldern, erreicht die B 105 das Etappenziel, die Hansestadt **Stralsund**, die auch das Tor zur Insel Rügen ist. Neben Lübeck war Stralsund einst die mächtigste Stadt im Ostseeraum und gehörte fast 200 Jahre zur schwedischen Krone. Heute ist die Altstadt UNESCO-Weltkulturerbe. Parken Sie beim Meeresmuseum oder am Neuen Markt und entdecken Sie Stralsund bequem zu Fuß bei einem Stadtspaziergang. Bummeln Sie durch die romantischen Altstadtgassen mit ihren Restaurants und Cafés und entdecken Sie den

Weite Aussicht: der Bodden bei Barth mit Blick in Richtung Fischland-Darß-Zingst

Im Ozeaneum Stralsund kommen Jung und Alt ins Staunen.

Marktplatz mit den prächtigen Giebelhäusern, den imposanten Backsteinkirchen und das Meeresmuseum.

Ozeaneum Stralsund

Weitere Details in der ADAC Trips App

Unbedingt einen Besuch wert ist das **Ozeaneum**. Das vielfach ausgezeichnete Museum zeigt fünf spannende Ausstellungen über das Leben im Meer. Das spektakuläre Gebäude besitzt an der Vorderseite eine runde Fassade aus Schiffsstahl und zieht am Hafen alle Blicke auf sich. Im Untergeschoss kann man auf Liegestühlen den Gesängen der Wale lauschen und die Nachbauten der Meeressäugetiere in Lebensgröße bestaunen, auf dem Dach die Pinguine besuchen. Gleich hinter dem Ozeaneum gibt es am blauen Stand von Free Willy die besten Fischbrötchen der Stadt.

In Stralsund können Sie außerdem auf die Tour 4 Richtung Usedom (S. 108) und auch zur Tour 5 nach Rügen oder Richtung Mecklenburgische Seenplatte (S. 134) umsteigen.

Scheelehof

Altes, hübsch saniertes Giebelhaus mit historischem Charme in zentraler Lage mitten in der Altstadt, mit Wellnessangeboten, sehr gutem Restaurant und eigener Kaffeerösterei.
Fährstraße 23-25, 18439 Stralsund,
www.scheelehof.de

Das Rathaus Stralsund am Alten Markt mit seiner gotischen Backsteinfassade ist eines der imposantesten Gebäude der Stadt.

TOUR 4

Kaiserbäder und Gutshäuser

Von Stralsund über Usedom nach Güstrow

Von Stralsund geht es durch den Osten Mecklenburg-Vorpommerns. Die Landschaft Vorpommerns mit der Insel Usedom zählt zu den schönsten des Landes. Dichte Wälder, Moore und weite Wiesen bestimmen das unverbaute Küstenvorland. Die Hauptstadt ist Greifswald, Wolgast ist das Tor zur Insel Usedom mit den berühmten Kaiserbädern. Ganz nah ist hier die Peene, wegen ihrer beeindruckenden Ursprünglichkeit auch Amazonas des Nordens genannt. Abseits der Küste lohnen die schönen Gutshäuser mit ihren Parks einen Besuch.

Seite 120
Die Seebrücke Ahlbeck auf Usedom ist die älteste Seebrücke in Deutschland.

Die Tour auf einen Blick

ORTE ENTLANG DER ROUTE

1. Stralsund – Greifswald – Wolgast – Zinnowitz

2. Zinnowitz – Peenemünde – Koserow – Bansin – Heringsdorf – Ahlbeck

3. Ahlbeck – Mellenthin – Anklam – Stolpe an der Peene – Demmin – Dargun – Gnoien – Tessin – Gut Dalwitz – Schloss Mitsuko – Güstrow

KILOMETER
ETAPPE 1: 82 KM
ETAPPE 2: 55 KM
ETAPPE 3: 216,6 KM

Navigation und GPX-Download

REINE FAHRTZEIT
ETAPPE 1: 2 STUNDEN
ETAPPE 2: 1¼ STUNDEN
ETAPPE 3: 3¾ STUNDEN

1

ETAPPE 1

Von Stralsund nach Zinnowitz

82 km ca. 2 Std.

Vom Startpunkt Stralsund führt die B 105 in südöstlicher Richtung durch das Küstenvorland Vorpommerns. Zwischen dem vorpommerschen Festland und der Insel Rügen erstreckt sich hier der Strelasund, ein Meeresarm, der die Ostsee mit dem Greifswalder Bodden verbindet. Ungefähr auf halber Strecke nach Greifswald und direkt am Sund liegt der kleine, ruhige Ort Stahlbrode, ein beliebter Ausgangspunkt für Wander- und Radtouren durch die Natur.
Auf der Weiterfahrt auf der B 105 rücken schon von Weitem die drei Backsteinkirchen von **Greifswald** ins

Blickfeld. Diese Skyline inspirierte schon den 1774 hier geborenen Maler Caspar David Friedrich. Der 100 m hohe »Lange Nikolaus«, der Dom St. Nikolai, ist das Wahrzeichen der Stadt. Hier wurde 1456 die Universität gegründet und der berühmte Sohn der Stadt getauft. Auf einem Rundgang durch Greifswald kann man 15 Orte entdecken, die zu seinem Leben gehörten oder die ihn für seine Bilder inspiriert haben. Start ist am Caspar-David-Friedrich-Zentrum, wo sich einst das Geburtshaus Friedrichs befand und Besucher heute umfassende Einblicke in das Leben und Werk des Malers erhalten (www.caspar-david-friedrich-gesellschaft.de). Sehenswert ist der große **Marktplatz** mit dem klassizistischen Rathaus und den prächtigen Giebelhäusern. Nicht weit davon entfernt gibt es in der Gemäldegalerie des **Pommerschen Landesmuseums** Werke vom Barock bis ins 20. Jahrhundert zu sehen, darunter auch Bilder von Caspar David Friedrich.

*Auf dem **Marktplatz Greifswald** wurde schon im 13. Jahrhundert Handel getrieben.*

Weitere Details in der ADAC Trips App

Mit 11 000 Quadratmetern ist der Greifswalder Marktplatz mit seinem Pflaster aus Lausitzer Granit von imposanter Größe.

Hafen von Freest: Die Fischerei ist noch immer ein wichtiger Wirtschaftszweig des 750-Seelen-Dorfes.

Nicht versäumen sollten Sie außerdem den **Museumshafen** östlich der Altstadt und das einstige Fischerdorf **Wieck**, heute ein Ortsteil von Greifswald.

Fischer-Hütte

Sehr gutes Fischrestaurant mit Gerichten von Dorsch bis Zander und romantischem Seefahrer-Flair im Hafen von Wieck.
An der Mühle 12, 17493 Greifswald, www.fischer-huette.de

AUF DIE INSEL USEDOM

Über die B 109 und B 111 geht es dann von Greifswald durch waldreiches Gebiet Richtung Wolgast. Zwischen den Kiefernwäldern eröffnen sich immer wieder weite Blicke über Felder und Wiesen. Wer jetzt schon Lust auf Strand hat, kann einen Abstecher ins Seebad **Lubmin** unternehmen, das über die Abzweigung nach Wusterhusen erreichbar ist. Die Wolgaster Straße führt vorbei an der sehenswerten Klosterruine Eldena, einem berühmten Motiv von Caspar David Friedrich. Weiter geht es über die L 26, nach Kemnitz links auf die L 262 und anschließend links nach Lubmin. Wenn Sie den Abstecher auslassen möchten, erreichen Sie **Wolgast** von Greifswald auch schneller über die B 109 und B 111 nach rund 30 km. Wolgast ist die Geburtsstadt von Philipp Otto Runge, eines weiteren renommierten Malers der Romantik. Die Altstadt und der Museumshafen laden zu einem entspannten Bummel ein, ebenso die kurze Fahrt ins verträumte Fischerdorf **Freest**, eines der ältesten Deutschlands und nur 10 km nördlich von Wolgast entfernt. Nur noch ein Katzensprung ist es von Wolgast zur beliebten Urlaubsinsel Usedom mit ihrem 42 km langen Sandstrand. Als ersten Ort auf der Insel erreichen Sie das Seebad **Zinnowitz**. Wenn hier der Wind leicht durch das Dünengras weht, können Sie die Meeresluft schon von Weitem riechen. Stellen Sie Ihr Auto ab und genießen Sie an der Promenade den wunderbaren Blick auf die Ostsee oder nehmen Sie gleich die Schuhe in die Hand, um den feinen Sand unter den Füßen zu fühlen. Zinnowitz schmiegt sich im Norden der Insel Usedom an eine Landzunge, die zwischen Achterwasser und Ostsee liegt. Als Achterwasser wird die Lagune des in die Ostsee mündenden Peenestroms bezeichnet. Schöne Wanderungen und Radtouren kann man durch den Küstenwald entlang der Heide unternehmen.

*Das **Rungehaus** in Wolgast, das Geburtshaus von Philipp Otto Runge, ist heute ein dem Maler gewidmetes Museum.*

Weitere Details in der ADAC Trips App

Hotel Haus Seeblick

Das kleine gemütliche Hotel in Zinnowitz liegt direkt an der Promenade und nahe der Seebrücke.
Dünenstr. 13, 17454 Ostseebad Zinnowitz, www.seeblick-usedom.de

Die Seebrücke »Vineta« in Zinnowitz mit einer Länge von 315 Metern lädt zur Promenade übers Meer.

ETAPPE 2

Von Zinnowitz nach Ahlbeck

55 km ca. 1¼ Std.

Bevor es von Zinnowitz weiter in die berühmten Kaiserbäder geht, lohnt das **Historisch-Technische Museum Peenemünde** einen Besuch. Es erinnert an ein dunkles Kapitel der deutschen Geschichte. Die ehemalige Heeresversuchsanstalt in Peenemünde war während der Zeit des Nationalsozialismus eines der modernsten Technologiezentren der Welt. Die Forschung diente jedoch von Beginn an nur der Massenproduktion von Raketen zur militärischen Überlegenheit. Bei der Produktion unter unmenschlichen Bedingungen und beim Beschuss belgischer, englischer und französischer Städte mit der »Wunderwaffe« verloren Tausende Menschen ihr Leben. Nehmen Sie sich genügend Zeit für einen Rundgang über das weite Areal und die Ausstellungen.

Seit 1991 ist das Historisch-Technische Museum Peenemünde, einst Erprobungsstätte neuer Waffensysteme, ein Ort für die Aufarbeitung der NS-Geschichte.

Das Ostseebad Koserow glänzt mit einer neuen, geschwungenen Seebrücke.

ZWISCHEN ACHTERWASSER UND DER SEE

Zurück in Zinnowitz folgen Sie der B 111 nach Süden. Immer schmaler wird die Insel, und sowohl die Ostsee als auch das Achterwasser sind zum Greifen nah. »Die See ist meine große Geliebte. Aber mein Garten ist ihr Bruder, den ich nicht minder liebe«, schrieb der Maler Otto Niemeyer Holstein in seinen Erinnerungen. Da, wo die Insel am schmalsten ist, zwischen Zempin und **Koserow**, fand er sein Refugium. In Lüttenort schuf er einen zauberhaften südlichen Garten mit zahlreichen Skulpturen und Plastiken befreundeter Künstler. Niemeyer Holstein wollte, dass dieser auch der Öffentlichkeit zugänglich ist. Im nach ihm benannten Museum können Garten und Wohnhaus samt Atelier und Galerie besucht werden. Vom Atelier nur wenige Meter entfernt liegt der kleine Hafen am Achterwasser. Auf der anderen Seite führt ein Weg durch einen Küstenwald aus Kiefern und Eichen direkt an den Strand der Ostsee. Gerade einmal 300 m liegen Ostsee und Achterwasser hier auseinander.

*Das Ostseebad **Koserow** liegt an der schmalsten Stelle der Insel Usedom.*

Weitere Details in der ADAC Trips App

Wenn Sie auf dem Weg nach Bansin noch einmal einen Blick auf das Achterwasser werfen wollen, biegen Sie in Loddin zum Fisch- und Grillrestaurant Waterblick ab. Von dort führt ein kurzer Fußweg zum Loddiner Höft und einem fantastischen Aussichtspunkt.

Das Seebad Bansin wurde 1897 als Ort des Badebetriebs gegründet, noch heute zeugen viele Villen im Bäderarchitekturstil davon.

Café Knatter

Gutes Café und Restaurant in Ückeritz, auf halbem Weg zwischen Koserow und Bansin. Der verglaste Gastraum mit Terrasse bietet bei jedem Wetter eine tolle Aussicht. Es gibt auch gemütliche Zimmer.
Hauptstr. 36, 17459 Seebad Ückeritz,
www.cafe-knatter.de

GEKRÖNTE HÄUPTER UND GROSSE PROMINENZ

Vorbei an schmalen Streifen Küstenwald erreichen Sie auf der B 111 das Seebad **Bansin**. Es gehört zusammen mit **Heringsdorf** und **Ahlbeck** zu den prächtigsten Seebädern an der Ostsee. Die sogenannten **Kaiserbäder** von Usedom ziehen sich 8,5 km an der längsten Promenade Europas entlang. Wie vor hundert Jahren strahlen die weißen Villen mit ihren großzügigen Freitreppen, edlen Marmorsäulen und mit Ornamenten verzierten Giebeln. Die finanzkräftigen Gäste, die zur Sommerfrische auf die Insel reisten, hinterließen den drei Kaiserbädern ein Jahrhunderterbe: das bis heute nahezu lückenlos erhaltene Ensemble der Bäderarchitekturvillen. Je nach Geldbeutel wurde gebaut, was gefiel: hier Jugendstil, da ein bisschen Renaissance, hinten Gotik, vorne Klassizismus. Bäderarchitektur war kein eigener Stil, sondern der Name für die Mischung der verschiedenen Baustile an der Ostsee. Zu jedem Badeort gehört auch eine Seebrücke. Die längste Europas ist die **Seebrücke Heringsdorf**, die sich 508 m in die Ostsee erstreckt, während sich Ahlbeck mit der ältesten und vielleicht auch schönsten schmückt.

Im 1890 erbauten Ahlbecker Hof residierte Franz Josef I., Kaiser von Österreich. Kaiser Wilhelm II. besuchte die edle Villa Staudt in Heringsdorf, um bei der Konsulin Staudt den Nachmittagstee zu trinken. Wenige Meter weiter fand der amerikanische Künstler Lyonel Feininger Anfang des 20. Jahr-

*Die **Seebrücke Heringsdorf** reicht einen halben Kilometer ins Meer.*

Weitere Details in der ADAC Trips App

hunderts in der Villa Oppenheim ein Motiv für eine Zeichnung. Auch der Schriftsteller Thomas Mann gehörte zu den Gästen. Er spazierte mit seiner Frau Katja und den Kindern 1924 über die Promenade an der Ostsee und fand dabei neue Inspiration für seinen »Zauberberg«, um im Bansiner Haus Seeblick am letzten Kapitel seines Jahrhundertromans zu schreiben.
Die Straße in die Seebäder verläuft parallel zur Promenade. Stellen Sie Ihr Auto ab, flanieren Sie über die Promenade, suchen Sie sich ein Plätzchen in einem der vielen Cafés und genießen Sie den Charme der Kaiserbäder. Bleiben Sie am besten etwas länger. Hier kann man wunderbare Urlaubstage verbringen und am Strand einfach die Seele baumeln lassen.

Seetelhotel Villa Möve
Stilvolle Zimmer, nahe der Promenade in Ahlbeck und dem feinsandigen Ostseestrand.
Kirchenstraße 8, 17419 Seebad Ahlbeck,
www.seetel.de/Hotel-Moeve

Die Seebrücke Heringsdorf auf Usedom ist heute eine Flaniermeile.

3

ETAPPE 3

Von Ahlbeck nach Güstrow

↔ 216,6 km ca. 3¾ Std.

Auf dieser Etappe geht es zurück aufs Festland, allerdings nicht ohne einen letzten Zwischenstopp auf der Insel am **Wasserschloss Mellenthin** einzulegen. Die mittelalterliche Schlossanlage mit Wassergraben und einem großen Park ist ein schöner Ort, um die Umgebung auf der Terrasse bei Kaffee und Kuchen zu genießen. Hier war vor über hundert Jahren auch der deutsch-amerikanische Bauhauskünstler und leidenschaftliche Radfahrer Lyonel Feininger unterwegs. Wer auf seinen Spuren radeln möchte, kann auf der Lyonel-Feininger-Tour jene Orte entdecken, die er als Maler zum Motiv nahm (www.usedom.de/feininger-radtour).

*Das **Wasserschloss Mellenthin** von 1575 umfasst heute ein Hotel und Restaurant sowie eine Kaffeerösterei und eine Brauerei.*

Weitere Details in der ADAC Trips App

ZUR LEBENSADER DER REGION

Auf der B 110 verlassen Sie Usedom und steuern das nächste Ziel an, die kleine Hansestadt **Anklam**. Die Fahrt führt durch die grüne Landschaft, vorbei an dichten Wäldern mit Fichten, Buchen und Eichen am Rande des unteren Peenetals entlang. Wenn Sie die Zecheriner Brücke überqueren, haben Sie einen schönen Blick auf den Peenestrom zur rechten und das Stettiner Haff zur linken Seite.

Anklam ist das Tor zur Peene. Wer ein bisschen Abwechslung möchte, kann hier von der Straße aufs Wasser umsteigen und eine Kanutour oder einen Bootsausflug unternehmen oder mit dem Hausboot den »Amazonas des Nordens« entlangschippern. Die Peene ist einer der letzten unverbauten Flüsse Europas und ein wahres Naturparadies mit einer unglaublichen Artenvielfalt. Wer ihrem Lauf südlich von Usedom auf dem Wasser folgt, entdeckt wilde Moorlandschaften, Wikingergräber, Orchideen, Biber und Seeadler. Sehr malerisch schlängelt sich der Fluss auf 175 km von Anklam bis zum Kummerower See. Entlang dem Ufer verlaufen auch schöne Wander- und Radwege.

Der berühmteste Sohn Anklams ist Otto Lilienthal, der hier 1848 geboren wurde. Die Stadt hat dem Flugpionier ein

Anklamer Hof

Hotel in schön saniertem historischen Postgebäude mit modernen Zimmern, Restaurant, Bar und Spa.
Pelzerstr. 1, 17389 Anklam
www.anklamer-hof.de

Das Wasserschloss Mellenthin liegt in der Mitte der Insel Usedom.

Am Stettiner Haff leben nur noch wenige von der Landwirtschaft, die Tiere weiden weit verstreut auf trocken gelegtem Grünland.

Zu beiden Seiten der Uecker erstreckt sich in der historischen Altstadt der Hafen von Ueckermünde.

ganzes Museum gewidmet, und auch in der Nikolaikirche ist eine Ausstellung über Lilienthal zu sehen, die noch weiter wachsen soll.

ABSTECHER ZUM STETTINER HAFF NACH UECKERMÜNDE

Ein reizvoller Ausflug bringt Sie von Anklam über die B 109 und L 31 ans Stettiner Haff. Die Strecke vorbei an Feldern, aus denen roter Mohn leuchtend hervorsticht, führt durch die Orte Neu Kosenow, Ducherow und Mönkebude und erreicht nach gut 30 km **Ueckermünde**. Wiesen, Buchenwälder, Dünen, Heideflächen und Moore prägen die Landschaft. Die Gegend ist fast noch unentdeckt und ideal für schöne Wander-, Rad- und Paddeltouren oder Segeltörns. Zwischen Schilfflächen gibt es zahlreiche Badestellen. Neben den beschaulichen Fischerdörfern ist auch die Altstadt von Ueckermünde sehenswert. Von ihrem Hafen legen Ausflugsschiffe zu Touren ins Haff ab. Im Westen trennt Usedom, im Osten die polnische Insel Wollin das Stettiner Haff fast vollständig von der Ostsee ab. Nur der westliche Teil gehört zu Deutschland, die Grenze zu Polen verläuft mitten durch das Gewässer.

Strandhalle Ueckermünde

Schmuckes historisches Gebäude aus den 1920er-Jahren ganz in Weiß am Ueckermünder Strand in toller Lage mit Blick nach Usedom.
Am Strand 02, 17373 Ueckermünde
www.strandhalle-ueckermuende.de

Stolper Fährkrug

Das historische Wirtshaus mit Biergarten an der Peene ist über 350 Jahre alt und ein herrlicher Ort, um leckere Landküche zu genießen.
Peenestr. 38, 17391 Stolpe an der Peene
www.gutshaus-stolpe.de

GESCHICHTE AN DER PEENE

Von Anklam folgen Sie auf der B 110 dem Flusslauf der Peene, zu sehen bekommen Sie den Fluss allerdings nur kurz. Dichter Mischwald aus Fichten, Buchen und Eichen bestimmt das Bild der Strecke.

Im unscheinbaren Dorf Stolpe an der Peene erstreckt sich versteckt hinter Mauern eine lange Allee, an deren Ende das **Gutshaus Stolpe** auftaucht. Dazu gehört ein weitläufiger Park mit alten Bäumen, Eichen, Kastanien, Akazien, und vor dem Gebäude Rosen sowie eine große Magnolie. Hier wurde im frühen Mittelalter Geschichte geschrieben.

In Stolpe begann die Christianisierung der Region, hier stand das erste Kloster Vorpommerns, von dem noch eine Ruine erhalten ist. Später wurde ganz Pommern schwedisch und Stolpe schwedisches Krongut. Ab 1807 gehörte es zu Preußen und wechselte anschließend mehrfach die Besitzer. Heute ist das herrschaftliche Anwesen ein Hotel mit Restaurant und Wellnessbereich.

In gemütlicher Fahrt setzen Sie die Tour auf der B 110 Richtung Demmin fort. Viel Verkehr ist auf den baumgesäumten Straßen über das platte Land selten und schon bald kommt die St. Bartholomaei-Kirche von **Demmin** in Sicht.

UMSTEIGEPUNKT

DEMMIN

Sehenswertes
in der Umgebung

Die Hansestadt Demmin im Herzen von Mecklenburg-Vorpommern liegt umgeben von einem der letzten Niedermoorgebiete Deutschlands am Zusammenfluss von Peene, Trebel und Tollense. Wahrzeichen der Stadt ist die große, im Stil der Backsteingotik erbaute Kirche St. Bartholomaei mit ihrem 96 m hohen Turm. Imposant präsentieren sich außerdem das Luisentor und der benachbarte Pulverturm, die einzigen erhaltenen Überbleibsel von einst 27 Türmen und Toren der mittelalterlichen Stadtbefestigung von Demmin.

AUSFLUGSTIPP

Am nördlichen Stadtrand Demmins, am Peenekilometer 35, befindet sich der familiär betriebene Wasserwanderrastplatz Kanuhaus. Von hier aus kann man schöne Kanutouren auf den Flüssen unternehmen. Kanus, Boote und auch Fahrräder gibt es zu leihen (www.kanuhaus.de).

Ein Abstecher lohnt sich auch zum Aussichtsturm Peenetal bei **Randow**,

der einen wunderbaren Blick über die Flusslandschaft eröffnet, nur 5,5 km von Demmin entfernt und über die B 110 und B 194 erreichbar.

Luisentor in Demmin

ZUR TOUR 5

In Demmin können Sie zur Tour 5 umsteigen. Diese führt Sie über die Deutsche Alleenstraße auf die Insel Rügen mit ihren Seebädern und berühmten Kreidefelsen.

Bei einer Kajaktour auf der Peene lässt sich die Flusslandschaft wunderbar vom Wasser aus beobachten.

Wo früher Fischkutter und Lastenkähne lagen, starten heute Ausflugsschiffe: der Stadthafen von Ueckermünde

INS MECKLENBURGER PARKLAND

Nur 15 km auf gerader Strecke sind es von Demmin nach **Dargun**, einer kleinen Stadt mit einst bedeutender Kloster- und Schlossanlage, die Ende des Zweiten Weltkriegs niederbrannt und nur noch als Ruine erhalten ist. Das Klostergebäude wurde im 12. Jahrhundert von Zisterziensermönchen errichtet und nach der Reformation zu einem Schloss im Renaissancestil umgebaut. Im erhaltenen Teil der Ruine führt eine Wendeltreppe mit 92 Stufen zu einer Aussichtsplattform, die einen weiten Blick über die Kleinstadt, den Klostersee und die Anlage selbst eröffnet.

Über **Gnoien**, ein kleines Ackerbürgerstädtchen mit historischem Stadtkern erreichen Sie **Tessin** an der Recknitz. Der kleine Ort mit schönem Marktplatz ist ein guter Ausgangspunkt für Radtouren in die Region mit ihren vielen Guts- und Herrenhäusern.

Weite Acker- und Weideflächen, kilometerlange Alleen, Flüsschen und Wälder begleiten die Strecke. Immer wieder sind die typischen Sölle dieser Gegend zu sehen, kreisrunde oder ovale Kleingewässer, die im Sommer oft trockenfallen. All dies sind die prägenden Elemente einer jahrhundertealten Kulturlandschaft, die damals wie heute vom Ackerbau und Viehzucht geprägt war. Lange war die Region **Mecklenburger Parkland** zwischen Ostsee und Seenplatte mit ihren vielen Guts- und

In den Mauern der Kloster- und Schlossanlage Dargun finden Konzerte statt.

Mittelalterliche Giebelhäuser und klassizistische Bauten zieren den Marktplatz von Güstrow.

Herrenhäusern ein weißer Fleck auf der touristischen Landkarte. Ein Glücksfall, denn die Natur besitzt hier einen herausragenden Artenreichtum. In den Wald- und Wiesenflächen haben Kraniche, Störche, See- und Schreiadler, Ringelnattern sowie seltene Frösche einen Lebensraum.

VON GUTSHÄUSERN ZU SCHLÖSSERN

Von Tessin über die B 110 und die L 232 sind es wiederum kurze 15 km bis **Dalwitz** mit dem gleichnamigen Gutshaus, heute ein ökologischer Landwirtschaftsbetrieb und schmuckes Ferienziel samt Hofrestaurant und Reiterhof. Urlaubsgäste heißt auch das nahe Gutshaus Rensow willkommen, ebenso das wenige Minuten weiter entfernte **Schloss Prebberede**, das ein ausgedehnter Landschaftspark umgibt.

Kleine Hügel und große Seen, sattes Grün und tiefes Himmelblau und der weite Blick in die Natur machen die Fahrt durch diese Landschaft zu einem herrlichen Erlebnis.

Von der L 232 über die L 231 und ein kurzes Stück über die B 108 gelangt man zum **Schloss Mitsuko**. Das ehemalige Gutshaus von 1860 ist heute ein Museum für japanische Kultur und zeitgenössische Kunst. Die Sammlung umfasst Volkskunst, Keramik, Textilien, Grafiken und Malereien aus Japan, angrenzend ist ein japanischer Hain entstanden.

Über die B108 und die L14 erreichen Sie nach knapp 30 km das Ziel dieser Tour, die Stadt **Güstrow** (S. 44). Dort können Sie zur Tour 1 wechseln und die Mecklenburgische Seenplatte erkunden oder auf Tour 3 Richtung Rostock wieder an die Küste zurückkehren.

TOUR 5

Hügelige Weiten und Kreidefelsen

Von Waren über Stralsund nach Rügen

Von der Seenplatte im Süden Mecklenburg-Vorpommerns verläuft die Tour in nördlicher Richtung bis zu Insel Rügen. Die Strecke passiert Seen und Wälder und historische Herrenhäuser. Höhepunkte auf der Insel sind die berühmten Kreidefelsen, der größte Buchenwald an der Küste und einer der schönsten Wanderwege Deutschlands, der Hochuferpfad. Über weite Strecken verläuft die Route entlang der Deutschen Alleenstraße. Unter den Dächern der alten Buchen und Linden entlangzufahren, ist die schönste Art, um die Region zu entdecken.

Seite 155

Die weißen Kreideküsten im Osten der Halbinsel werden oft als das Wahrzeichen Rügens bezeichnet.

Die Tour auf einen Blick

ORTE ENTLANG DER ROUTE

1. Waren – Stavenhagen – Demmin – Stralsund
2. Stralsund – Putbus – Göhren – Baabe – Sellin – Binz – Prora
3. Prora – Sassnitz – Königsstuhl/ Kreidefelsen – Lohme – Sagard – Kap Arkona – Schaprode

KILOMETER
ETAPPE 1: 115 KM
ETAPPE 2: 80 KM
ETAPPE 3: 100 KM

Navigation und GPX-Download

REINE FAHRTZEIT
ETAPPE 1: 1¾ STUNDEN
ETAPPE 2: 1½ STUNDEN
ETAPPE 3: 2¾ STUNDEN

ETAPPE 1

Von Waren nach Stralsund

↔ 115 km ca. 1 ¾ Std.

Waren an der Müritz (S. 40) ist das Zentrum der Mecklenburgischen Seenplatte. Von hier aus kann man wunderschöne Ausflüge ins Land der 1000 Seen und Bootstouren unternehmen, durch die Altstadt schlendern oder im **Müritzeum** mehr über die einzigartige Landschaft erfahren. Haben Sie das Flair am größten Binnensee Deutschlands ausreichend genossen, kann es losgehen zu dieser Tour hinauf nach Norden bis auf die Insel Rügen. Vorbei am Torgelower See und den historischen Herrenhäusern Groß Plasten und Kittendorf erreichen Sie über die B 192 und die B 194 nach kurzer Fahrt das Städtchen **Stavenhagen** (S.50). »Als unser Herrgott die Welt erschuf, fing er mit Mecklenburg an.« Diese Liebeserklärung widmete Fritz Reuter seiner Heimat. Er wurde in Stavenhagen geboren. Mehr über den meist schelmischen Nationaldichter erfährt man in dem ihm gewidmeten Museum. Wenige Minuten über die B 192 lohnt ein Abstecher nach Ivenack zu den imposanten tausendjährigen Eichen (S. 52) samt Baumkronenpfad.

*Das **Müritzeum** lädt in beeindruckender Architektur dazu ein, Natur zu erleben und zu verstehen.*

Weitere Details in der ADAC Trips App

DURCH ALLEEN NACH NORDEN

Folgen Sie von Stavenhagen der B 104 Richtung Malchin, dann der Dorfstraße durch Felder und Wiesen nach **Kummerow** am Kummerower See. Neben schönen Badestellen gibt es hier das barocke **Schloss Kummerow** zu entdecken, das nach behutsamer Sanierung ein Museum für zeitgenössische Fotografie beherbergt, aber auch bei einer Führung besichtigt werden kann. Weiter geradeaus, über den Kummerower Damm in Seenähe, biegen Sie nach rund 8 km in Meesiger rechts ab, um auf die B 194 Richtung Stralsund zu gelangen.

Sie befinden sich seit Malchin bereits auf der **Deutschen Alleenstraße**, die Sie bis zum nördlichsten Zipfel der Insel Rügen begleiten wird. Das Fahren unter den schattigen Eichen und Buchen ist ein einzigartiges Erlebnis. Die oft scheinbar endlosen Reihen der grünen Riesen vermitteln Geborgenheit, spenden frische Luft und ermöglichen immer wieder neue Blickwinkel und je nach Jahreszeit ein neues Farbenspiel. Vor allem: Nehmen Sie sich Zeit – Zeit zu reisen, Zeit zu schauen, was links und rechts der Strecke zu entdecken ist. Über **Demmin** (S. 128) und Grimmen erreichen Sie auf dieser herrlichen Strecke das erste Etappenziel **Stralsund**.

In Alt Falkenhagen, etwas nördlich von Waren, kann man die wunderschöne Landschaft bei einem Spaziergang genießen.

UMSTEIGEPUNKT
STRALSUND

Sehenswertes in der Umgebung

Die Hansestadt mit ihrer sehenswerten Altstadt und ihren Giebelhäusern ist UNESCO-Weltkulturerbe. Einen schönen Überblick bietet der Turm der Marienkirche. Der Blick über die prächtigen Gebäude im Stil der Backsteingotik reicht bis zu den Inseln Rügen und Hiddensee. Museen wie das Ozeaneum in einem spektakulären Neubau auf der Hafeninsel sind einen Besuch wert.

AUSFLUGSTIPP

Von Stralsund verkehren regelmäßig Fähren zur Insel **Hiddensee**. Privater Autoverkehr ist auf der Insel nicht erlaubt, aber es ist ohnehin viel schöner, die hübschen Orte und Strände mit dem Rad zu entdecken. Fahrräder kann man in den drei Hauptorten Neuendorf, Vitte und Kloster am Hafen mieten. Hiddensee ist so schön, dass es sich lohnt, hier ein paar idyllische Urlaubstage zu verbringen. Das wussten vor über hundert Jahren schon viele Sommerfrischler. Unter ihnen Albert Einstein, Käthe Kruse, Joachim Ringelnatz, Thomas Mann, Asta Nielsen und viele andere. Der Schriftsteller und

Sehr praktisch kann man Hiddensee auch mit dem Fahrrad erkunden. Was gibt es Schöneres als eine Radtour, die am Strand endet?

Nobelpreisträger Gerhart Hauptmann hatte sein eigenes Haus auf der Insel. Man kann es heute noch besuchen. Früh entdeckten auch viele Künstler den Reiz Hiddensees und kamen, um hier zu malen. So entstand wie schon in Ahrenshoop auch auf Hiddensee eine Künstlerkolonie.

Leuchtturm »Dornbusch« auf Hiddensee

ZUR TOUR 3 UND TOUR 4
In Stralsund können Sie zur Tour 3 umsteigen und dieser in umgekehrter Richtung über Fischland-Darß bis Güstrow folgen oder auf die Tour 4, die Sie auf die Insel Usedom mit ihren schönen Kaiserbädern und durch das Peenetal ebenfalls nach Güstrow führt.

Schon um 1200 tummelten sich Händler auf dem Gelände, das heute als »Alter Markt« in Stralsund bekannt ist.

1998
RATS
APOTHEKE
Alter Markt 6

ETAPPE 2

Von Stralsund über Putbus und Binz nach Prora

↔ 80 km ca. 1½ Std.

Der Auftakt der zweiten Etappe hält gleich ein besonderes Erlebnis bereit: die Fahrt von Stralsund über die **Rügenbrücke** hinüber nach Rügen. Die längste Schrägseilbrücke Deutschlands ist über 4 km lang, der markante Pylon knapp 130 m hoch und die Durchfahrtshöhe für Schiffe beträgt 42 m. Mit großartiger Aussicht geht es hier also über den Strelasund, die Meerenge zwischen Festland und der Insel Rügen, der flächenmäßig größten Insel Deutschlands.

Im Volksmund heißt es: Auf der Rügenbrücke lässt man die Scheiben runter, um alle Sorgen aus dem Auto hinauszuwerfen und ohne Sorgen in den Urlaub auf die Insel Rügen zu fahren.
Der erste Ort, den Sie auf der Insel erreichen ist **Altefähr**, wo sich ein Stopp am kleinen Hafen lohnt. Eindrucksvoll ist der Blick von hier zurück auf die Skyline von Stralsund. Zur Stärkung gibt es an einem Kiosk leckere Fischbrötchen und Getränke.

Jeden Oktober findet auf der Rügenbrücke der »Rügenbrückenlauf« statt.

Lust auf einen Spaziergang unter Lindenkronen im Park von Putbus?

DIE RESIDENZ AM MEER UND EIN SCHLOSS IM WALD

Der Weg über die Insel folgt mit der L 29 wieder der Deutschen Alleenstraße und führt unter dem Dach prächtiger Eichen und Buchen über Gustow, Poseritz, Garz und Strachtitz nach Putbus. Die schönen Alleen entlangzufahren, ist immer wieder aufs Neue ein Genuss. Im Frühling entfalten sie ein zartes Grün, immer Sommer spenden sie Schatten, im Herbst sorgen sie mit bunten Blätter zwischen den von Nebel überzogenen Feldern für ein besonderes Farbenspiel. Reizvoll sind sie auch im Winter, wenn Raureif die Äste wie eine feine Schicht Puderzucker überzieht.

Nach etwa 30 Minuten ist **Putbus** erreicht. Hier verwirklichte Wilhelm Malte Fürst und Herr zu Putbus seine Ideen von der Gründung einer Residenz am Meer. Sein Vorbild war das Ostseebad Heiligendamm, die »Weiße Stadt am Meer«. Nach seinen Plänen entstand ab 1810 in wenigen Jahrzehnten ein klassizistisches Ensemble, das in weiten

Rosencafé

Köstliche Kuchen und Torten aus hauseigener Konditorei in fürstlichem Ambiente im Schlosspark.
Bahnhofstr. 1, 18581 Putbus,
www.raulff-hotels.de/rosencafe-putbus

Das Theater in Putbus ist ein klassizistisches Bauwerk und wurde in den Jahren 1819 und 1820 errichtet.

Teilen bis heute erhalten ist. Dazu gehören die weißen Stadtvillen, die um den Circus, einen kreisrunden Platz mit Obelisk in der Mitte, angeordnet sind, ebenso wie die Gebäude, die den rechteckigen Marktplatz säumen. Der damaligen Mode entsprechend ließ der Fürst den Schlosspark in einen Landschaftsgarten im englischen Stil umgestalten und gab außerdem den Bau eines Theaters in Auftrag, des einzigen auf der Insel.
Putbus ist das kulturelle Zentrum der Insel. Galerien haben hier ihren Platz gefunden, in der Orangerie sind wechselnde Kunstausstellungen zu sehen.
Weiter geht es von Putbus auf der L 29, der Alleenstraße, bis zur Kreuzung mit der B 196. Rechter Hand gelangt man in einer Viertelstunde ins Seebad **Göhren** im östlichsten Zipfel von Rügen. Wollen Sie noch einen Abstecher zum Jagdschloss Granitz unternehmen, müssen Sie nach links abbiegen und dann wieder ein Stück der L 29 folgen. Inmitten eines großen Waldgebiets, der Granitz, steht das im Stil der norditalienischen Renaissance erbaute **Jagdschloss Granitz** mit vier Türmen und einem 38 m hohen Aussichtsturm. Auch hier war der Fürst der Auftraggeber. Im Innern sind reichlich Jagdtrophäen, historische Möbel und Gemälde zu sehen, hinzu kommen wechselnde Sonderausstellungen. Das Schloss ist nicht direkt mit dem Auto erreichbar, sondern mit dem »Jagdschlossexpress«, einem Shuttle vom Parkplatz Jagdschloss Granitz an der L 29, oder über den Wanderweg zum Schloss.

*In der **Orangerie** im Schlosspark Putbus werden wechselnde Kunstausstellungen gezeigt.*

Weitere Details in der ADAC Trips App

Wasserferienwelt Rügen
Besonderes Urlaubsfeeling kommt hier in schwimmenden Ferienhäusern und Pfahlhaus-Suiten nahe Putbus auf. Dazu gibt es reichlich Wassersportmöglichkeiten.
Am Yachthafen 1, 18581 Lauterbach
www.im-jaich.de

VON SEEBAD ZU SEEBAD

Wie auf einer Perlenkette reihen sich Seebäder an der Ostküste Rügens aneinander, alle an der B 196 oder L 29 gelegen: Göhren, Baabe, Sellin und Binz. Vom Seebad Göhren führt die Bernsteinpromenade bis zum benachbarten Seebad **Baabe**. Rund 300 m vom Strand ragt der mächtige Buskam aus dem Meer. Es ist der größte Findling vor der deutschen Ostseeküste.
Das größte Seebad Rügens ist **Binz**, berühmt für seine schöne Bäderarchitektur, die während der Gründerzeit in der

Der feinsandige weiße, 5 km lange und 50 m breite **Strand von Binz** gehört zu den schönsten der Insel und lädt zu ausgedehnten Spaziergängen und Badevergnügen an der Ostsee ein. Aber auch im Strandkorb kann man wunderbar entspannen und einfach nur den Blick aufs Meer genießen.

Die insgesamt 2566 Kilometer lange Deutsche Alleenstraße verläuft von Rügen bis zum Bodensee. Der Abschnitt zwischen Rügen und Rheinsberg wurde 1993 als erster eröffnet.

Strandhalle Binz

Gemütlicher Holzbau mit großen Fenstern zur Strandpromenade, gute regionale Küche, unbedingt probieren: Ostseedorsch unter Kartoffel-Rosmarin-Kruste.
Strandpromenade5, 18609 Binz
www.strandhalle-binz.de

zweiten Hälfte des 19. Jahrhunderts auf Rügen aufkam. Zum Seebad ernannt wurde es 1884, Wege und die Strandpromenade wurden angelegt, Kurhaus und Seebrücke gebaut. Nach und nach kamen immer mehr Strandvillen mit strahlend weißen und reich verzierten Fassaden dazu. Typisch sind die hervorgehobenen Balkons, Erker und Fassaden mit kunstvollen Schnitzereien. Schöne Beispiele sind die Villa Meeresgruß und das Kurhaus in Binz sowie die Wilhelmstraße in Baabe. In Göhren sind es Haus Hohenzollern und Germania oder die Villen Erika, Minna und Hanni. In jedem Seebad gibt es kleine Geschäfte, Cafés, Eisbuden und Restaurants, und die kleinen Straßen hinter der Promenade laden zum Bummeln ein.

Die monumentale Ferienanlage von ***Prora*** *steht heute unter Denkmalschutz.*

Weitere Details in der ADAC Trips App

KOLOSSALE HINTERLASSENSCHAFT

Von Binz sind es nur 5 km auf der parallel zur Küste verlaufenden L 29 in den Ort **Prora**. Hier erinnert der »Koloss von Prora« an ein düsteres Kapitel der Geschichte. Gebaut wurde der 4,5 km lange, sechs Stockwerke hohe Stahlbetonriegel zwischen 1936 und 1939 für die nationalsozialistische Organisation »Kraft durch Freude«. Die Anlage ist neben dem Reichsparteitagsgelände in Nürnberg die größte architektonische Hinterlassenschaft der Nazis. In dem Komplex sollten 20 000 Menschen gleichzeitig Urlaub machen. Mit der Aussicht auf derartige Erholung wollte das NS-Regime die Arbeiter, deren Parteien und Organisationen 1933 verboten worden waren, für die

neue Ideologie gewinnen und für den nächsten Krieg stärken. Doch wegen des Krieges kam der Baukomplex nicht zur Vollendung. Die DDR nutzte den riesigen Bau als Kaserne für die Nationale Volksarmee. Nach der Wende stand das riesige Gebäude lange Zeit leer. Inzwischen ist es für Investoren interessant, die dort hochpreisige Ferienwohnungen verkaufen wollen.

Eine sehr sehenswerte Ausstellung zum Komplex zeigt das **Dokumentationszentrum Prora** (www.proradok.de).

Ein- und Ausblicke ganz anderer Art bietet der über 1,25 km lange Baumwipfelpfad im Naturerbe Zentrum Rügen in Prora. Er schlängelt sich durch einen Buchenmischwald und bietet zu jeder Jahreszeit einen herrlichen Weitblick über das Meer und die Umgebung. Buchstäblicher Höhepunkt ist der 40 m hohe Aussichtsturm, auf den sich eine 600 m lange Rampe hinaufwindet. Am Fuße des Baumwipfelpfads gibt es ein Café und eine Ausstellung. Parkplätze sind ausreichend vorhanden.

Der Baumwipfelpfad Prora ist auch mit Rollstuhl oder Kinderwagen gut zu meistern.

3

ETAPPE 3

Von Prora über die Kreidefelsen nach Schaprode

↔ 100 km ca. 2 ¾ Std.

Die L 29 verläuft von Prora auf einer schmalen Landzunge zwischen Kleinem Jasmunder Bodden und Ostsee und erreicht nach 10 Minuten bei Neu Mukran den Parkplatz »Feuersteinfelder«. Von dort führt ein ausgeschilderter Weg zu den faszinierenden **Feuersteinfeldern**, Geröllfeldern aus eben jenem Kieselgestein, das in Folge einer Reihe von Sturmfluten vor etwa 3000 bis 4000 Jahren hier in Wällen auf einer Fläche von rund 40 Hektar abgelagert

Die Feuersteinfelder in der Schmalen Heide stehen seit 1935 unter Naturschutz.

wurde. Planen Sie für Erkundung dieses einzigartigen Naturschatzes rund zwei Stunden ein.
Nur ein paar Minuten Fahrt sind es von hier bis zur nächsten Station der Tour, der Hafenstadt Sassnitz.

MEDITERRANES FLAIR UND FRISCHER FISCH VOM KUTTER

Stellen Sie in **Sassnitz** das Auto auf dem Parkplatz »Dwasieden« in der Stralsunder Straße oder am Stadthafen ab und bummeln Sie durch die Altstadt mit ihrem mediterranen Flair. Rund um die Mündung des Steinbachs verlaufen kleine Gassen mit historischer Gründerzeitarchitektur. In hübsch sanierten Villen mit verspielten Veranden und Balkonen zwischen dem Alten Markt und der Strandpromenade haben sich Künstler und Kunsthandwerker, kleine Cafés und Restaurants sowie ein Feinkostgeschäft mit Buchladen niedergelassen. Selbst in der Hochsaison geht es hier beschaulich zu. Die Fischerei war und ist aus Sassnitz nicht wegzudenken. Im Fischereihafen kann man köstliche frische Fischbrötchen direkt am Kutter kaufen oder mit den Fischern zum Selberangeln auf die Ostsee hinausfahren.
Als in der Mitte des 19. Jahrhunderts immer mehr Besucher an die Küste fuhren, wurde aus dem Fischerdorf Sassnitz ein beliebtes Seebad. Fischerhäuser wurden zu Hotels und Pensionen, schöne Villen kamen bald dazu. Der Schriftsteller Theodor Fontane liebte die Stadt: »Nach Rügen heißt nach Saßnitz reisen.«

*Auch in **Sassnitz** hat die Bäderarchitektur des ausgehenden 19. und frühen 20. Jahrhunderts schmucke Bauten entstehen lassen.*

Weitere Details in der ADAC Trips App

Gastmahl des Meeres

Das Traditionslokal an der Strandpromenade von Sassnitz serviert hervorragende Küche, natürlich vor allem jede Menge Fisch, aber auch ein paar Gerichte für Fleischesser und ein, zwei Optionen für Vegetarier, in gemütlicher, maritimer Atmosphäre.
Strandpromenade 2, 18546 Sassnitz, www.gastmahl-des-meeres-ruegen.de

Malerische Alleen wie diese führen gesäumt von Grün und Mohn durch die Landschaft bei Sassnitz.

Die Kreidefelsen im Nationalpark Jasmund wandeln sich stetig unter dem Einfluss des Wetters und der Ostsee.

AUSBLICKE ZWISCHEN MEER, WEISSEN FELSEN UND ALTEM WALD

Sassnitz ist das Tor zum **Nationalpark Jasmund** auf der gleichnamigen Halbinsel. Die berühmten Kreidefelsen erreicht man in rund 20 Minuten über die L303. Links und rechts säumen dichte Wälder die Straße. Im kleinsten deutschen Nationalpark gibt es neben der malerischen Kreideküste dichten Buchenwald, die hügelige Stubnitz, geheimnisvolle Moore, Sümpfe und Bachtäler zu entdecken. Auch steinzeitliche Hünengräber sind hier zu finden. Stellen Sie Ihr Auto auf dem Großparkplatz im Lohmer Ortsteil Hagen ab und fahren Sie mit dem Pendelbus zum Nationalparkzentrum. Ein schöner Wanderweg durch den Buchenwald führt in etwa 45 Minuten ebenfalls dorthin. Die Kreidefelsen faszinierten schon den Maler Caspar David Friedrich, der hier seine Motive fand und mit seinen Werken den Felsen zu Weltruhm verhalf. Der berühmteste Kreidefelsen ist der 118 m hohe **Königsstuhl**. Der Sage nach soll früher derjenige zum König ernannt worden sein, dem es gelang, den steilen Felsen zu erklimmen. Das Nationalpark-Zentrum Königsstuhl informiert mit einer modernen interaktiven Ausstellung über diese besondere Naturlandschaft. Als Highlight erwartet Sie hier außerdem der neue **Skywalk**, eine in schwindelerregender Höhe über dem Abgrund schwebende Aussichtsplattform mit fantastischer Sicht auf die Kreideküste.

Zum Nationalpark gehört auch ein 2000 Hektar großer, ursprünglicher Buchenwald, der als UNESCO-Weltnaturerbe gelistet ist.

Tipp: Verschiedene Wanderwege führen durch den Nationalpark. Als einer der schönsten ganz Deutschlands gilt der 12 km lange Hochuferweg zwischen Sassnitz und Lohme. Auf ihm können Sie die Kreidefelsen und den Buchenwald bei traumhaften Ausblicken auf die türkis schimmernde Ostsee erleben.

DICKER BROCKEN MITTEN IM FELD

Über die L 303 und die Jasmunder Straße erreichen Sie **Lohme**, das idyllische Seebad mit Hafen vor einem bewaldeten Steinufer. Eine Treppe führt vom Ortskern mit kleinen, teilweise reetgedeckten Häusern und weißen Villen hinab. Ein Spaziergang zum Hafen oder zur Steilküste bei Sonnenuntergang verspricht ein Bilderbucherlebnis.

Im Lohmer Ortsteil Nardevitz befindet sich einer der größten Findlinge Norddeutschlands. Der 281 t schwere Granitbrocken liegt versteckt in einer dicht

*Im **Nationalpark Jasmund** trifft das Blau des Meeres auf strahlend weiße Felsen und grünen Wald.*

Weitere Details in der ADAC Trips App

Panorama Hotel Lohme

Stilvoll eingerichtetes Hotel mit schönen Zimmern, gutem Restaurant und dem schönsten Blick auf die Ostsee, An der Steilküste 8, 18551 Lohme, www.panorama-hotel-lohme.de

mit Bäumen und Gebüsch bewachsenen Senke auf einem Feld 400 m nördlich von Nardevitz.

DIE VERGESSENE BADEANSTALT

Bevor die Tour Sie nach Glowe führt, lohnt ein Abstecher über die L 30 in den historischen Flecken Sagard. Auf dem Weg dorthin kommen Sie an **Schloss Spyker** vorbei, das einen Zwischenstopp lohnt. Es ist das älteste Schloss auf der Insel Rügen und blickt auf 760 Jahre Geschichte zurück. Ein Park mit alten Linden, Buchsbäumen und Weiden umgibt das rote, burgartig wirkende Schloss mit vier runden Ecktürmchen, drinnen können Sie einige wunderschön ausgearbeitete Stuckdecken bewundern. Heute verwöhnt hier ein stilvolles Hotel mit Restaurant seine Gäste. Dahinter, umgeben von den im Frühjahr gelb leuchtenden Rapsfeldern, erreichen Sie nach wenigen Minuten den kleinen Ort **Sagard**. Mitte des 18. Jahrhunderts entdeckte man in dem Dorf mit seinen kleinen zweigeschossigen Häusern und schmalen Gassen eine eisenhaltige Mineralquelle. Daraufhin wurde eine Brunnen-, Bade- und Vergnügungsanstalt gegründet und Rügens erstes Kurbad war geboren. Als jedoch Anfang des 19. Jahrhunderts das Baden in der Ostsee in Mode kam, verlor der Ort in der Mitte der Halbinsel Jasmund an Bedeutung. Doch noch heute ist es ein Vergnügen, durch den ehemaligen Kurpark Brunnenaue mit seinem Kreidebach zu wandeln.

*Das erstmals im 14. Jahrhundert erwähnte **Schloss Spyker** erhielt seine heutige Gestalt im Stil der Renaissance im 17. Jahrhundert.*

Weitere Details in der ADAC Trips App

OSTSEE LINKS, BODDEN RECHTS

Die Fahrt zurück und weiter auf der L 30 erreicht hinter einem Waldgebiet an der Küste **Glowe**. Das einstige Fischerdorf hat sich zu einem beliebten Urlaubsort mit einem schönen Strand und Strandkörben, einer Promenade und Cafés gemausert. Historische Häuser und kleine Läden laden zu entspanntem Bummeln ein. Besonders ist

Im Ostseebad Breege findet man, was zum Urlaub auf Rügen gehört: reichlich Strandkörbe.

die Lage des Orts: In östlicher Richtung erstreckt sich die knapp 12 km lange Schaabe. So wird die lang gezogene sichelförmige Nehrung genannt, die den Großen Jasmunder Bodden vom offenen Meer trennt. Auf schönste Weise verbinden sich hier ein fantastischer Sandstrand und ein Kiefernwald. Am besten entdeckt man die Landschaft auf dem Radweg, der über die Nehrung führt. Auch das beschauliche Ostseebad **Breege** am nördlichsten Punkt des Großen Jasmunder Boddens war einst ein Fischerdorf und wichtiger Hafen für den Handel mit England. Heute lockt es mit schönem Strand, weißen Villen, Cafés und Restaurants Feriengäste an. In der Nachbarschaft entstand Ende des 18. Jahrhunderts zwischen Ostseestrand und Bodden der Kurpark Juliusruh. Hier kann man unter dem Kronendach prächtiger Alleen mit vielen Linden spazieren und sich im Frühjahr von Anemonenteppichen verzaubern lassen.

WO DER WIND WEHT

Vorbei an Altenkirchen geht es jetzt ganz in den Norden zum **Kap Arkona**. Die Strecke führt vorbei am »Riesenberg« von Nobbin, einer der größten

Das Kap Arkona mit seinen drei Türmen: der Schinkelturm, das Leuchtfeuer und der Peilturm von links nach rechts im Bild

jungsteinzeitlichen Grabanlagen der Insel. Das etwa 4500 Jahr alte Megalith- oder Hünengrab mit zwei Grabkammern und zwei über 3 m hohen Wächtersteinen ist frei zugänglich und liegt 500 m östlich von Nobbin. Bei Ausgrabungen wurden Schädel, Pfeilspitzen aus Feuersteinen und Skelette gefunden, die erst um 300 v. Chr. in das Grab gelegt wurden.

Das Kap selbst mit seinen beiden Leuchttürmen können Sie nur zu Fuß, mit dem Fahrrad oder per Kutsche erreichen, Parkplätze gibt es am Ortsrand von **Putgarten**. Der höhere der beiden Leuchttürme besitzt eine Aussichtsplattform mit tollem Ausblick bis nach Dänemark.

Nicht verpassen sollten Sie das romantische Fischerdorf **Vitte** ganz in der Nähe – am einfachsten über den 6 km langen Rundwanderweg zu erreichen, der von Putgarten erst zum Kap und dann weiter nach Vitte führt. Mit 13 reetgedeckten kleinen Häusern und einer achteckigen Kapelle schmiegt es sich in eine Ufersenke in einer geschützten Bucht. Vom kleinen Ostseestrand ist die imposante Steilküste vom Kap Arkona zu sehen. Im Hafen gibt es heute noch frisch gefangenen Fisch.

Einen Abstecher lohnt zudem der **Nordstrand**, mit dem Auto 4 km von Putgarten über Dorfstraße und Teichstraße Richtung Norden entfernt.

Ein paar Meter durch ein kleines Waldstück und die Treppe hinunter und Sie stehen auf einem der schönsten Strände Rügens.

*Der rechteckige Schinkelturm am **Kap Arkona** ist der zweitälteste Leuchtturm an der deutschen Ostseeküste, der höhere Neue Leuchtturm, das Leuchtfeuer, stammt von 1905.*

Weitere Details in der ADAC Trips App

FÄHRFAHRT ÜBER DEN BODDEN

Zurück auf der L 30 folgen Sie der Straße nach **Wiek**, dem Hauptort am Bodden. Ein schöner Abstecher mit tollen Ausblicken auf die Boddenküste führt von hier über eine schmale Landzunge in den 9 km entfernten kleinen Ort Dranske an der Küste.

Hinter Wiek geht es noch einmal über die Deutsche Alleenstraße Richtung Süden zur Wittower Fähre, die die Halbinsel Wittow mit Rügens Muttland verbindet. Nach acht Minuten Überfahrt mit Ausblicken bis zur Landzunge Bug setzen Sie die Fahrt auf der Alleenstraße bis Trent fort und biegen dort auf die L 302 nach **Schaprode** ab, das Sie nach gut 6 km erreichen. Der Hafenort im Westen Rügens spielte früher für den Seehandel und die Fischerei eine wichtige Rolle, heute sind es vor allem die Fährverbindungen zur Insel Hiddensee, die von Bedeutung sind. Schöne Häuser reihen sich entlang der Dorfstraße, reetgedeckte Fischerhäuser umgeben die drittälteste Kirche der Insel.

Schillings Gasthof

In dem traditionsreichen Gasthof am Hafen kehrten schon die Stummfilmikone Asta Nielsen und die Tänzerin Gret Palucca ein. Hafenweg 45, 18569 Schaprode, www.schillings-gasthof.de

Dranske und der Wieker Bodden bieten wunderschöne Naturstrände und ein Paradies für Wassersportler.

Land der Schlösser

Noble Herrschaftssitze und prächtige Gärten zwischen Ostsee und Seenplatte

Mecklenburg-Vorpommern zählt zu den beliebtesten Inlandsreisezielen – nicht zuletzt wegen seiner einzigartigen Schlösserlandschaft. Wie keine zweite Region in Europa ist das Land geprägt von Schlössern und Herrenhäusern. Vor allem die großen, ehemals fürstlichen Anwesen mit ihrer faszinierenden Architektur und prachtvollen Parks, den spannenden Kunstausstellungen und unterhaltsamen Kulturveranstaltungen verwandeln einen Urlaub in Mecklenburg- Vorpommern zu etwas ganz Besonderem.

Schloss Schwerin

Schloss Schwerin

MÄRCHENSCHLOSS IM HERZEN DES LANDES
Schon aus der Ferne lenken die goldglänzenden Turmspitzen des **Schweriner Schlosses** alle Blicke auf diesen faszinierenden Bau des romantischen Historismus, der in Europa seinesgleichen sucht. Den malerisch in eine reizvolle Seen- und Parklandschaft eingebetteten Prunkbau auf einer Insel umweht der Geist einer mehr als 1000-jährigen Geschichte, denn sein Ursprung reicht bis in slawische Zeiten zurück. Das Märchenschloss im Stil der Neorenaissance, an dessen Gestaltung bedeutende Architekten wie Gottfried Semper und August Stüler beteiligt waren, beherbergt heute den Landtag von Mecklenburg-Vorpommern und das Schlossmuseum. Die Prachtentfaltung setzt sich außerhalb der Schlossmauern in den weitläufigen Parkanlagen fort. Der barocke Schlossgarten besticht durch den von Skulpturen gesäumten Kreuzkanal.
Im 19. Jahrhundert erfuhr die Anlage durch den preußischen Gartenkünstler Peter Joseph Lenné eine Erweiterung zu einem englischen Landschaftspark. Seitdem lädt auch der Burggarten mit Aussichtsterrassen und Wasserspielen zum Flanieren ein.
Das nahe **Schloss Wiligrad** am Steilufer des Schweriner Außensees wurde Ende des 19. Jahrhunderts errichtet. Es ist umgeben von einem zauberhaften Park, der zu wildromantischen Spaziergängen bis hinab zum See einlädt.

SANDSTEIN, GOLD, PAPIERMACHÉ
Zu den größten barocken Schlössern Norddeutschlands gehört **Schloss Ludwigslust**, einst das Zentrum der Hofhaltung zweier Herzöge.

Der prachtvolle Bau ist umgeben von einem englischen Park mit zahlreichen Alleen, Kanälen und Wasserspielen. Ein Highlight im Innern ist der Goldene Saal. Hier lassen fünf große Kristalllüster die vergoldeten Dekorationen aus Papiermaché an Wänden, Decken, Spiegeln und monumentalen Säulen eindrucksvoll erstrahlen.

Schloss Ludwigslust

EIN STÜCK ENGLAND IN MECKLENBURG

Nur vier Kilometer südlich der Ostsee liegt **Schloss Bothmer**, ein Juwel barocker Backsteinarchitektur. Schon die barocke Festonallee, die auf das Schloss zuführt, bietet einen einzigartigen Anblick. Im umgebenden sieben Hektar großen Schlosspark locken Ruhe und Idylle – im Sommer finden hier auch beliebte Konzerte statt.

DIE KRONE RÜGENS

Wie ein Wahrzeichen krönt das **Jagdschloss Granitz** den Tempelberg inmitten des 1000 Hektar großen Waldgebiets auf der Ostseeinsel Rügen.

Schloss Bothmer

Der Fürstenfamilie zu Putbus diente das Jagdschloss einst als prächtiger Ausgangspunkt zur Jagd in den weiten Wäldern der Granitz. Kaiser, Könige, Fürsten und zahlreiche andere Persönlichkeiten waren Gäste hier. Höhepunkt des Besuchs ist der Aufstieg auf den 38 Meter hohen Schlossturm über 154 gusseiserne Treppenstufen, die freischwebend montiert sind. Der Nervenkitzel wird mit einem einzigartigen Panoramablick über Rügen und die Boddenlandschaft belohnt.

NORDISCHE RENAISSANCE

Die historische Residenzstadt Güstrow wartet mit einem der bedeutendsten Renaissanceschlösser im nördlichen Europa auf: **Schloss Güstrow**, eine einmalige Synthese italienischer, französischer, holländischer und deutscher Architekturelemente. Aktuell ist das Gebäude sanierungsbedingt geschlossen, der im Renaissancestil gestaltete Schlosspark aber weiterhin geöffnet.

GARTENZAUBER UND LUISENKULT

Das idyllisch zwischen Neubrandenburg und Neustrelitz gelegene, frühklassizistische **Schloss Hohenzieritz** geriet zu trauriger Berühmtheit, als die beliebte preußische Königin Luise hier im Alter von nur 34 Jahren im Juli 1810 verstarb. Schon bald wurde das Schloss zum Pilgerort und Luises Sterbezimmer zu einem emotionalen Andachtsraum. Unbedingt sehenswert ist der englische Landschaftsgarten, der zu den schönsten in Mecklenburg-Vorpommern und zu den ältesten auf dem europäischen Kontinent gehört.

Jagdschloss Granitz

Ein nicht minder herausragendes Beispiel herrlicher Gartenbaukunst ist der **Schlosspark Neustrelitz**, einst Teil einer barocken Schlossanlage und im 19. Jahrhundert durch den Gartenkünstler Peter Joseph Lenné um einen Landschaftspark harmonisch erweitert.

SCHATZKÄSTCHEN DES BAROCK UND ROKOKO

Auf einer malerischen Insel in der Mecklenburgischen Seenplatte liegt **Schloss Mirow**. Hinter relativ schlichter Fassade sind die Räume im Innern kunstvoll im Stil des Barock und Rokoko gestaltet, wobei der reich mit Stuck verzierte Festsaal den Höhepunkt bildet.

Weitere Informationen unter www.mv-schloesser.de

Unterwegs in Mecklenburg-Vorpommern

Praktische Tipps für Ihre Reise

Mecklenburg-Vorpommern mit dem Auto zu erkunden, ist ein Genuss. Fahren Sie unter dem Kronendach der Bäume auf den prächtigen Alleen entlang, freuen Sie sich auf wunderbare Landschaften zwischen Seen und Meer und auf zahlreiche Kultur- und Sportangebote. Unterkünfte gibt es für jeden Geschmack, größere Orte laden zum Bummeln ein und zahlreiche Sehenswürdigkeiten lohnen einen Stopp. Hier finden Sie Tipps zur Anreise und rund um Ihren Urlaub auf einen Blick.

Mecklenburg-Vorpommern auf Alleen ergründen: eine lange Fahrt durchs Blättermeer

ANREISE

AUTO

Die Anreise nach Mecklenburg-Vorpommern ist über die Autobahnen A19, A20 und A24 möglich. Aus allen Richtungen führen gut ausgebaute Bundes- und Landstraßen an die Ostseeautobahn A20 mit Anschluss an die A1 bei Lübeck und an die A11, die direkte Anbindung an den Berliner Ring, über das Dreieck Uckermark.

Während der Ferienzeiten sind die Strecken in die beliebte Urlaubsregion stark befahren. Auf den Inseln Usedom und Rügen sowie auf der L 105 Richtung Darß kann es in der Hauptsaison schon mal zum Stau kommen. Außerhalb der Ferienzeiten ist deutlich weniger los.

BAHN

Gut erreichbar ist Mecklenburg-Vorpommern natürlich auch mit Bahn. Mit ICE- bzw. IC-Zügen gibt es Direktverbindungen an die Ostseeküste nach Rostock, Stralsund und ins Ostseebad Binz auf Rügen. Mit Verbindungen nach Waren an der Müritz oder Neustrelitz gelangt man an die Mecklenburgische Seenplatte. Gute Verbindungen gibt es z. B. aus Berlin, Leipzig, München und Köln.

Die Insel Rügen erreicht man von der Hansestadt Stralsund. Stündlich verkehren Züge in die Städte Bergen, Sassnitz sowie zum Ostseebad Binz.

Zur Insel Usedom kommt man über den Bahnhof Züssow, wo Anschluss an die Usedomer Bäderbahn (www.ubb-online.com) besteht.

Im Schlaf fährt man mit einem Nachtzug ans Ziel. Saisonale Verbindungen wechseln von Jahr zu Jahr, ebenso die Anbieter. Gute Verbindungen, z. T. mit Autotransport, bieten die ÖBB aus Österreich und der Schweiz nach Hamburg und Berlin (www.nightjet.com), von dort geht es dann weiter mit der Deutschen Bahn.

BUS

Sehr günstig reist man z. B. mit Flixbus an (www.flixbus.de). Verbindungen gibt es von vielen deutschen Städten u. a. nach Schwerin, Wismar, Rostock, Greifswald, Rügen, Usedom und Neubrandenburg.

FÄHRE

Für die Fahrt auf die Insel Rügen kann man von April bis Oktober auch die Autofähre Stahlbrode–Glewitz nutzen, um den Stau auf dem Rügendamm zu vermeiden. Wer Rostock umgehen möchte, kann in Warnemünde die Warnow-Fähre zur kurzen Überfahrt nach Hohe Düne nutzen. Fahrpläne und Infos unter www.weisse-flotte.de.

FLUGZEUG

Flugverbindungen direkt in die Region sind dünn gesät. Allein zum Flughafen Heringsdorf auf Usedom (www.flughafen-heringsdorf.de) gibt es ein paar Flüge von Frankfurt am Main, Mannheim, Kassel und Luxemburg. Die nächstgelegenen größeren Flughäfen Hamburg und Berlin sind gut an das nationale und internationale Netz angebunden.

Die Autofähre benötigt rund 15 Minuten vom Festland nach Rügen.

MIETWAGEN

In allen größeren Städten gibt es Mietwagenstationen bekannter Anbieter. Für Mitglieder bietet die ADAC-Autovermietung günstige Konditionen an (adac.de/autovermietung, in ADAC-Geschäftsstellen oder unter Tel. 089/76 76 20 99).

MIT DEM AUTO UNTERWEGS

STRASSEN

Mecklenburg-Vorpommern besitzt ein gut ausgebautes Autobahn- und Straßennetz. Nur auf Nebenstraßen oder in kleinen Dörfern kann es durch Kopfsteinpflaster etwas holprig werden. Über Baustellen und Umleitungen informiert das Landesamt für Straßenbau und Verkehr (www.strassen-mv.de/verkehrsinfos) sowie die Option Verkehrslage in Google Maps.

FAHRWEISE UND REGELN

Immer wieder ein Genuss ist die Fahrt auf der **Deutschen Alleenstraße**. Von Bäumen gesäumte Straßen findet man in allen Landesteilen. So schön die Strecken sind, so tückisch können sie unter ungünstigen Bedingungen werden. Schlechte Sichtverhältnisse, eng stehende Bäume oder Nässe sind potenzielle Gefahrenquellen. Eine angepasste Fahrweise ist daher dringend anzuraten. Hier ein paar Tipps für sicheres Fahren durch die Alleen:

Die Fußgängerzone in Binz lädt zum Bummeln ein.

- Fahren Sie nicht schneller als 80 km/h, wenn die Bäume dicht am Fahrbahnrand stehen.
- Reduzieren Sie vor Kurven die Geschwindigkeit.
- Vermeiden Sie, mit den Rädern in die häufig unbefestigten Bankette zu geraten.
- Keine scharfen Bremsmanöver auf kopfsteingepflasterten Straßen.
- Bei Nässe unbedingt vom Gas runtergehen. Die Straßen können sehr rutschig sein.
- Fahren Sie mit eingeschaltetem Licht, damit man Ihren Wagen sieht. Alleen können dunkel sein.
- Vor allem in der Dämmerung sind Wildtiere unterwegs und können die Fahrwege kreuzen. Fahren Sie dann besonders umsichtig.

Die Verkehrsregeln entsprechen ansonsten denen im übrigen Bundesgebiet, d. h. sofern nicht anders ausgewiesen gelten die üblichen Geschwindigkeitsbegrenzungen für Landstraßen (100 km/h) und den Verkehr innerhalb geschlossener Ortschaften (50 km/h).
Ausgewiesene Umweltzonen gibt es in Mecklenburg-Vorpommern nicht.

KARTEN, NAVIGATION
Mit gebräuchlichen Navigationssystemen findet man sich in Mecklenburg-Vorpommern gut zurecht. Die fett gedruckten Ortsnamen in diesem Band helfen Ihnen bei den Eingaben in Ihr Navigationsgerät. Überwiegend ist die Ausschilderung sehr gut, sodass man auch so gut ans Ziel kommt. Dennoch

empfiehlt sich gerade in ländlichen Regionen ein Navi, um die kleinen versteckten, aber entscheidenden Abzweigungen nicht zu verpassen.

PARKEN

In ländlichen Regionen findet man problemlos einen Parkplatz. In den Städten gibt es ausgewiesene Großparkplätze und Parkhäuser. In der Hauptsaison empfiehlt es sich an der Küste, auf Parkplätze an den Ortsrändern auszuweichen. Dies gilt besonders in den Ostseebädern.

TANKEN UND E-MOBILITÄT

Sehr gut ausgebaut ist das Tankstellennetz. Auf der Insel Rügen gibt es Tankstellen in Samtens, Bergen, Putbus, Sagard, Sassnitz, Binz und zwischen Sellin und Baabe.
Für Elektroautos bietet Mecklenburg-Vorpommern über 200 Ladestationen. Einfach zu finden sind sie online auf der Webseite www.mv-tankt-strom.de/e-tankstellen.

VAN UND WOHNMOBIL

Die in diesem Buch vorgeschlagenen Touren sind für Pkw (oder Motorrad) konzipiert. Dennoch eignen sich die Strecken zumeist auch für Fahrten mit dem Wohnmobil. Zudem gibt es gute Stellplätze in allen wichtigen Ferienorten. Sie verfügen über sanitäre Einrichtungen und Wasserzapfsäulen. Beschreibungen geprüfter Plätze bietet der jährlich aktualisierte ADAC Stellplatzführer Deutschland/Europa, im Buchhandel sowie als App erhältlich.

PANNEN UND UNFALL

Wer mit dem Mietwagen unterwegs ist, ruft bei allen Problemen zunächst den Autovermieter an.
Nach einem Unfall sollten Sie sofort anhalten, die Unfallstelle absichern und Erste Hilfe leisten. Bei Personenschaden unbedingt die Polizei verständigen (Notruf: 112). Die ADAC Pannenhilfe Deutschland erreichen Sie bei Fahrzeugpannen und -unfällen unter Tel. 089/20 20 40 00, Mobil-Kurzwahl 22 22 22 (die Verbindungskosten sind abhängig vom Netzbetreiber/Provider).

PRAKTISCHES FÜR DEN REISEALLTAG

EINKAUFEN

Geschäfte und Supermärkte findet man vor allem in den größeren Orten, Städten und in den Seebädern. Zahlreiche Ortschaften bieten Wochen- und Bauernmärkte mit regionalen Produkten und Köstlichkeiten. Schöne Dinge, Feinkost und regionale Spezialitäten werden auch in vielen Hofläden (www.auf-nach-mv.de/kulinarik/hofladen) verkauft. Beliebte Mitbringsel sind Bernstein, Sanddorn, Marzipan aus Stralsund, Kosmetikprodukte aus Kreide sowie Fischkonserven.
In der Regel haben die Geschäfte Mo–Sa 9.30–20 Uhr geöffnet, sonn- und feiertags geschlossen. In kleineren Orten können die Läden auch um 18 oder 19 Uhr schließen. Supermärkte sind in den Ostseebädern bis 21 Uhr geöffnet. Mit der Bäderregelung haben Geschäfte

HYMER

In Nordwestmecklenburg führen grün gesäumte Straßen durch idyllische Landschaft, wie hier bei Boiensdorf.

zwischen dem 15. März und dem ersten Sonntag im November die Möglichkeit, auch sonntags zu öffnen.

FEIERTAGE

1. Jan. (Neujahr), 8. März (Internationaler Frauentag), Karfreitag, Ostermontag, 1. Mai (Tag der Arbeit), Christi Himmelfahrt, Pfingstmontag, 3. Okt. (Tag der Deutschen Einheit), 31. Okt. (Reformationstag), 25./26. Dez. (Weihnachten).

GESUNDHEIT

Wer im Frühjahr und Sommer an die Ostsee reist, sollte Sonnencreme, Sonnenbrille und Kopfbedeckung einpacken. Vor allem an der Küste, wo meist ein frischer Wind weht, werden die Sonnenintensität und die UV-Strahlung häufig unterschätzt. Mückenschutzmittel sind in der Nähe von Seen, Wäldern oder Mooren nötig.
Apotheken haben meist Mo–Fr 9–18, Sa bis 12 Uhr geöffnet (www.aponet.de).

KLIMA UND BESTE REISEZEIT

Kontinentalklima herrscht in der gesamten Region. Die Küstenregion besitzt ein gesundes Reizklima mit hohem Salz- und Jodgehalt. Frischer Wind und viel Sonnenschein machen das Klima auf den Inseln aus. Eine Windjacke sollte man auch im Sommer immer dabeihaben. Im Winter ist es ratsam, sich warm einzupacken und wetterfeste Kleidung zu tragen.
Hauptreisezeit ist von Mai bis September sowie über die Weihnachtsfeiertage und den Jahreswechsel. Viele Urlauber zieht es bereits im Vorfrühling und über Ostern in die Region. Andere wissen die Küste und das Hinterland auch außerhalb der Saison zu schätzen, wenn es ruhiger ist, man tagsüber die frische Luft genießt und es sich abends nach einem guten Essen gemütlich macht. Einige Pensionen und Hotels sowie Restaurants und Gasthöfe schließen oder erhöhen die Anzahl der Ruhetage zwischen November und März.

KULTUR

Die Ostseeküste mit ihren breiten weißen Stränden zählt zu den bekanntesten Seiten Mecklenburg-Vorpommerns. Viele Gäste besuchen vor allem wegen der reizvollen Küstenlandschaft die Region. Dabei gibt es noch deutlich mehr zu entdecken. Zahlreiche **Museen und Galerien** widmen sich historischer und zeitgenössischer Kunst, darunter das Kulturhistorische Museum und die Kunsthalle in Rostock oder das Staatliche Museum in Schwerin.
Als Sehnsuchtsziel für Künstler besitzt die Küste eine lange Tradition. Der berühmteste Maler der Romantik, Caspar David Friedrich, fand an der Küste der größten Insel Deutschlands das Motiv für eines seiner berühmtesten Gemälde, »Kreidefelsen auf Rügen«. Heute kann man auf seinen Spuren auf einem Bilderweg die Motive und Schaffensorte Friedrichs entdecken. Künstler späterer Jahre ließen ganze Künstlerkolonien entstehen, u. a. in Ahrenshoop und Schwaan. Ihre Werke sind in Kunstmuseen vor Ort ausgestellt.
Zum kulturellen Erbe des Landes zählen auch die staatlichen Schlösser sowie

Seit 1993 finden die Schlossfestspiele Schwerin vor imposanter Kulisse statt.

Hunderte von historischen Guts- und Herrenhäusern mit prächtigen Parkanlagen. Die Schlösser Schwerin, Ludwigslust und Güstrow präsentieren zahlreiche Kunstwerke der staatlichen Sammlung Schwerin.
Weit über die Grenzen hinaus haben sich die **Festspiele Mecklenburg-Vorpommern** (www.festspiele-mv.de) einen Namen gemacht. In der warmen Jahreszeit wird das ganze Land zu einer Bühne. Schlösser, Guts- und Herrenhäuser, Klöster, Kirchen, Parks und Gärten verwandeln sich jedes Jahr in außergewöhnlich Spielstätten, in denen rund 130 Konzerte namhafter Orchester und Solisten gegeben werden.
Das Orchester der Landeshauptstadt, die Mecklenburgische Staatskapelle, zählt zu den ältesten Klangkörpern der Welt. Zu erleben ist es z. B. bei den Schweriner Schlossfestspielen. Zu den bedeutendsten Bühnen gehören das Mecklenburgische Staatstheater Schwerin sowie die Theater in Stralsund, Greifswald und Putbus.

NOTFALL

Notruf

- Tel./Mobil: 112 (EU-weit: Polizei, Unfallrettung, Feuerwehr)

ADAC Info Service

- Tel. 08 00/510 11 12 (Mo–Sa 8–20 Uhr)

ADAC Pannenhilfe in Deutschland

- Tel. 089/20 20 4000, Mobil 22 22 22 (Verbindungskosten je nach Netzbetreiber/ Provider)

Die Mecklenburgische Bäderbahn »Molli« verbindet Kühlungsborn und Bad Doberan.

ADAC Ambulanzdienst

- Tel. +49/89/76 76 76 (24 Std., Erkrankung, Unfall, Verletzung, Transportfragen, Todesfall)

ÖAMTC Schutzbrief Nothilfe

- Tel. +43/1/251 20 00, www.oeamtc.at

Einsatzzentrale TCS-ETI-Schutzbrief

- Einsatzzentrale TCS-ETI-Schutzbrief Tel. +41/58/827 22 20, www.tcs.ch

Ärztlicher Bereitschaftsdienst in Mecklenburg-Vorpommern

- Tel. 11 61 17, www.kvmv.de

DGzRS (Deutsche Gesellschaft zur Rettung Schiffbrüchiger)

ø Tel. 04 21/53 68 70, www.seenotretter.de

Giftnotruf über das **Gemeinsame Giftinformationszentrum**

- Tel. 03 61/73 07 30, www.ggiz-erfurt.de

ÖFFENTLICHE VERKEHRSMITTEL

Bahn

Gut ausgebaut sind die Bahnverbindungen an der Ostseeküste und zur Mecklenburgischen Seenplatte. Auch auf Usedom gibt es gute Bahnverbindungen, dort kann man mit der Bäderbahn auf der ganzen Insel unterwegs sein. Nur in der Mitte von Mecklenburg-Vorpommern kommt man mit der Bahn nicht weit. Bahn fahren wie in alten Zeiten kann man mit der historischen Dampflok »Molli« auf der rund 15 km langen Strecke zwischen Kühlungsborn und Bad Doberan und dem »Rasenden Roland« zwischen Lauterbach Mole und Göhren auf Rügen auf knapp 25 km. Diese Fahrten sind immer ein besonderes Erlebnis.

Bus
Busse fahren auch kleine Dörfer in den ländlichen Gebieten an, allerdings nur sehr selten. In den Städten wie Neubrandenburg, Wismar, Rostock, Schwerin oder Neubrandenburg decken Busse auch die Umgebung ab.

Schiff
Bei dem Reichtum an schönen Wasserlandschaften, die Mecklenburg-Vorpommern besitzt, ist eine Schiffstour ein Muss auf jeder Reise. So kann man vom Dampfer die großen Seen entdecken und die kleinen Häfen vom Wasser aus bestaunen. Vielerorts gibt es auch die Möglichkeit, eine Strecke mit dem Rad zu fahren und mit dem Schiff zurück. Schiffsverbindungen gibt es am Stettiner Haff von Ueckermünde nach Usedom oder nach Swinemünde sowie von Stralsund und Schaprode auf Rügen zur Insel Hiddensee. Ein schönes Erlebnis sind auch die Schiffsausflüge entlang der Küste von Seebad zu Seebad sowie Inselrundfahrten. Nicht entgehen lassen sollte man sich eine Schifffahrt entlang der Kreidefelsen. Wen es für einen Abstecher in die Ferne zieht, kann ab Rostock und Sassnitz mit der Fähre nach Dänemark und Schweden fahren.

RESTAURANTS

Die gastronomische Vielfalt ist groß. Vom frischen Fischbrötchen direkt vom Kutter über bodenständige Landküche, Wildkreationen in gemütlichen Restaurants bis hin zu feiner Sterneküche gibt es alles. Die Köche setzen zunehmend auf saisonale und regionale Zutaten, etwa Rind- und Lammspezialitäten aus ökologischer Landwirtschaft. Käse aus kleinen Manufakturen und Obst- und Gemüse aus der Region kommen ebenfalls auf den Tisch. Zur Getränkeauswahl zählen selbstdestillierter Whisky, Likör und preisgekröntes **Inselbier**.
Angesichts der Lage an der Küste und unzähliger Seen spielt **Fisch** auf den Speisekarten natürlich eine große Rolle – vom Hecht und Zander aus den Seen bis zum Dorsch und der Flunder aus dem Meer.
In den ausgedehnten Wäldern sind reichlich einheimische **Wildarten** wie Reh, Wildschwein und Hirsch zu Hause. Ob als deftiger Braten oder feines Ragout, mediterran oder exotisch, Wild ist hier immer ein großer Genuss. Um Wild und kulinarische Gaumenfreuden dreht sich denn auch alles bei den **Usedomer Wildwochen** im Herbst (www.wildwochen-auf-usedom.de).
Wer sich ein Menü eines Sternekochs gönnen möchte, hat die Qual der Wahl. Inzwischen besitzt Mecklenburg-Vorpommern neun Sternerestaurants.

SICHERHEIT

Mecklenburg-Vorpommern ist eine sehr sichere Reiseregion. Nur in Großstädten sind auch hier Taschendiebe unterwegs, die mit erfindungsreichen Tricks versuchen, Handys und Geldbörsen zu ergattern. Wertsachen sollten wie immer nicht im Auto gelassen werden.
Obwohl die Strände sicher sind, sollte man in den stark besuchten Gegenden wie Warnemünde, den Kaiserbädern

Vom Boot aus lassen sich die Kreideküste und der Königsstuhl besonders gut bewundern.

NORDWIND

oder Binz Wertsachen lieber nicht mit an den Strand nehmen oder jemanden bitten, darauf aufzupassen.
Auch beim Wandern ist es wichtig, auf die eigene Sicherheit zu achten. Auf Rügen können aktive Kliffs gefährlich werden. Hier sollte man unbedingt auf den Wanderwegen bleiben, weil die Gefahr von Abbrüchen, insbesondere nach langen Frostperioden, hoch ist. Gefährdete Gebiete sind vor allem die Steilküsten auf Wittow, Jasmund und in der Granitz.

SPORT

Wer sportlich aktiv werden will, findet in Mecklenburg-Vorpommern zahlreiche Möglichkeiten, vor allem für Wassersport.

Angeln

Die Küstengewässer wie die Seenlandschaft bieten ideale Bedingungen zum Angeln.
Einen Touristenfischereischein und eine Anglerkarte kann man in Tourismusbüros, Hotels oder auf Campingplätzen erwerben. In der Mecklenburgischen Seenplatte sind das Teichangeln auf Forellen und das Welsangeln mit den Müritzfischern besonders beliebt. Rügen gehört zu den besten Angelrevieren Deutschlands. Aal, Barsch, Dorsch, Scholle, Hecht, Steinbutt, Zander, Lachs, Hering und Meerforelle gehen je nach Saison ins Netz oder an den Haken. Erlaubt ist in den Küstengewässern das Angeln mit drei Handangeln, das Schleppangeln ist in Boddengewässern verboten, ebenso die Verwendung lebender Köderfische. Zu beachten sind auch die Laichschonzeiten (www.lav-mv.de, www.lalif.de).

Baden

Kleine Buchten und lauschige Badestellen an zahllosen Seen und kilometerlange feinsandige weiße Strände an der Ostsee bieten reinstes Badevergnügen. Die Wasserqualität der Gewässer unterliegt strengen Prüfungen und reicht von gut bis ausgezeichnet. Rund 500 ausgewiesene Badestellen bietet die Region. In der Hauptsaison sorgen Rettungsschwimmer an den Ostseestränden für Sicherheit. Ausgenommen sind z. B. die Naturstrände auf dem Darß und bei Kap Arkona. Ausgewiesene FKK-Strände gibt es an der gesamten Küste.

Golf

Knapp 20 Golfplätze mit 27-, 18- und 9-Loch-Anlagen stehen zur Auswahl. Infos gibt es unter www.golfen-mv.de.

Laufen

Wer auf seine gewohnten Jogging-Kilometer nicht verzichten will, findet zahlreich sehr schöne Laufstrecken, z. B. von Nienhagen nach Warnemünde mit Meerblick oder durch den Müritz-Nationalpark.

Radfahren

Für Radfahrer besteht ein riesiges Angebot an wunderschönen Touren, an der Küste entlang, durch Wälder oder durch die Mecklenburgische Schweiz an Guts- und Herrenhäusern vorbei. Durchs Land führen der Ostseeküstenradweg, der

Ob auf Rügen oder Hiddensee, die Schönheit der Deiche lohnt stets eine Erkundung mit dem Fahrrad.

Radweg Berlin-Kopenhagen und der Oder-Neiße-Radweg. Tipps für Radtouren unter www.auf-nach-mv.de/radwandern.

Reiten

Mecklenburg-Vorpommern bietet zahlreiche Reiterhöfe und Reitlehrgänge sowie schöne Strecken in der Rostocker Heide und dem Demminer Land. Das ParkLand mit seinen Gutshöfen ist ein Paradies für Pferdefreunde. Einen Gestütsweg gibt es zwischen Redefin und Neustatt /Dosse. Besonders beliebt auf Rügen ist das Reiten am Strand.

Wassersport

Ob Segeln, Windsurfen, Kanufahren, Tauchen oder Kite-Surfen, in Mecklenburg-Vorpommern ist alles möglich. Kanufahren ist besonders schön auf der Peene, im Recknitztal und in der Mecklenburgischen Seenplatte sowie in der Feldberger Seenlandschaft.
Der größte Segelhafen ist in Lauterbach auf Rügen. Hier werden auch Boote verliehen und Kurse angeboten. Paradiesisch für Surfer sind die windreichen Gegenden am Südperd in Mönchgut, am Strelasund sowie an der Nordküste von Wittow auf Rügen. Surfschulen gibt

Für Pferdefreunde bietet sich ein Ausritt am Strand von Darß an.

es in zahlreichen Ostseebädern sowie auf den Campingplätzen von Thiessow und Suhrendorf/Ummanz auf Rügen.

TELEFON UND INTERNET

Mecklenburg-Vorpommern verfügt als das am dünnsten besiedelte Bundesland zwar über Festnetz, aber der Breitbandausbau für schnelle Internetverbindung lässt wie in vielen ländlichen Regionen noch zu wünschen übrig. Wo es hapern könnte, verrät die Netzabdeckungskarte des eigenen Providers. In Hotels, Pensionen, Ferienanlagen und Restaurants wird in der Regel kostenfreies WLAN zur Verfügung gestellt. Auch in größeren Städten und auf öffentlichen Plätzen gibt es kostenlose Hot-Spots, z. B. auf dem Marktplatz in Bergen, auf der Binzer Strandpromenade auf Rügen sowie an der Tourismusinformation in Rostock und Warnemünde.

UNTERKUNFT UND HOTELS

Die Auswahl an Unterkünften und Hotels ist enorm. Hier kann man im Dock Inn Hostel in Warnemünde in umgebauten Schiffscontainern übernachten, in einer schwimmenden Suite im Naturhafen Krummin auf der Insel Rügen, im Wasserturm in Waren an der Müritz oder im gemütlichen Pfarrhaus im Recknitztal. Wer mal in einem Schloss übernachten möchte, wird hier fündig. Rund 2000 **historische Anwesen**, darunter Schlösser, Herren- und Gutshäuser besitzt Mecklenburg-Vorpommern. Viele davon sind saniert und stilvoll eingerichtet, mal ländlich fein, mal elegant, mit sehr guter Küche und prächtigen Parkanlagen.
Außerdem befinden sich an der Ostseeküste einige der schönsten und modernsten Luxushotels, aber auch Drei-Sterne-Hotels, Ferienwohnungen, Apartments, Zimmer, Jugendherbergen bis hin zu Urlaub auf dem Bauernhof sind reichlich vorhanden. Die meisten Unterkünfte an der Küste bieten die Ostseebäder.
Wer schon immer sein eigener Kapitän sein wollte, ist in Mecklenburg-Vorpommern richtig. Der Urlaub auf dem **Hausboot** erfreut sich zunehmender

Hausboot und Steg zeigen das wenige Menschengemachte im Naturpark Flusslandschaft Peenetal in Swinow bei Güstrow.

Beliebtheit. Natur und Wasser soweit das Auge reicht, baden, angeln, aussteigen, wo und wann man will, und abends die herrliche Ruhe auf dem See genießen, all das macht die Tage auf dem Hausboot zu ganz besonderen. In der Mecklenburgischen Seenplatte gibt es verschiedene Vermieter, doch die Nachfrage ist groß. Für ein paar Tage auf dem Hausboot sollte man mit der Buchung, vor allem in der Hauptsaison, nicht zu lange warten (www.auf-nach-mv.de/flusspiraten).
Auch wer mit dem Wohnmobil unterwegs ist, findet leicht das Passende. Es gibt kleine, sehr große, Dauercampingplätze, freies Campen, schöne Naturcampingplätze sowie Campingplätze der Luxusklasse. In der Regel haben alle einen Badestrand. Viele bieten auch Bungalows und Ferienhäuser. Informieren kann man sich z. B. beim Campingverband (www.bvcd-mv.de).

ZOLLBESTIMMUNGEN

Reisende aus Österreich dürfen abgabenfrei Waren für den privaten Gebrauch mit nach Hause nehmen, Bürger aus der Schweiz Waren im Wert von 300 SFr für den privaten Gebrauch. In beiden Fällen gelten jedoch bestimmte Grenzmengen, die berücksichtigt werden müssen (www.zoll.de, www.bmf.at/zoll, www.zoll.ch).

UNTERWEGS MIT KINDERN

Handy, Tablet & Co. haben keinen Akku mehr oder sind gleich zu Hause geblieben? Alle Hörbücher sind ausgehört? Neben dem Klassiker »Ich sehe was, was Du nicht siehst« sorgen diese Spiele für gute Stimmung auf den Rücksitzen:

FÜR KINDERGARTEN- UND GRUNDSCHULKINDER (MIT ANLEITUNG DURCH ELTERN)

- Ravensburger Tiptoi: Ratespaß auf Reisen - Sachwissen zu den Themen Straßenverkehr und Verkehrssicherheit (Altersempfehlung des Herstellers: 4-8 Jahre). Der Tiptoi-Stift muss separat erworben und sollte vor dem Urlaub komplett aufgeladen werden.

- Schmidt Spiele: Auto-Bingo, Bring-mich-mit-Spiel in der Metalldose (Altersempfehlung des Herstellers: ab 5 Jahre). Kleines, handliches Spiel für 1-3 Spieler, bei dem die Spieler verschiedene Gegenstände am Wegesrand entdecken und auf Kärtchen abhaken müssen.

- Uping: Magnetisches Holzpuzzle und Tafel (Altersempfehlung des Herstellers: ab 3 Jahre). Praktischer, kreativer Begleiter zum Puzzeln und Malen unterwegs, Vorsicht: Viele kleine Einzelteile, eventuell nur die größeren Magnetteile mit in den Urlaub nehmen!

- N. Pratt, E. Bone: Kunterbunte Spiele für lange Reisen: mit abwischbarem Stift. 50 Spielkarten mit Rätseln, Labyrinthen und Knobelaufgaben (Altersempfehlung: ab 6 Jahren, ISBN: 978-1782320296)

- S. Tudhope (Autor), M. Hill, M. Maynard (Illustrationen): Seitenweise Reisespiele: mit heraustrennbaren Seiten. Spieleklassiker wie Schiffe versenken, Tic Tac Toe für unterwegs (Altersempfehlung: ab 7 Jahren, ISBN: 978-1782322900)

- P. Gesierich: KFZ-Kennzeichen - Sticker-Sammelalbum für Ratespaß unterwegs auf Reisen (Altersempfehlung: ab 6 Jahren, ISBN: 978-3961118540)

FÜR JUGENDLICHE UND ERWACHSENE

- Coogam: Tangram-Buch mit 360 magnetischen Puzzle-Teilen. Traditionelles Puzzle aus Asien fürs Handgepäck mit einfachen und komplexeren Mustern zum Nachlegen (auch für Kinder ab 4 Jahren zum Mitspielen geeignet).

- R. Dobelli : Die Kunst des klaren Denkens: Das Kartenspiel, mit dem Sie Denkfehler erkennen und vermeiden (ISBN: 978-3742313287). Originelles und lehrreiches Kartenspiel zum Sachbuch-Bestseller »Die Kunst des klaren Denkens«.

REGISTER

BILDNACHWEIS

Titel: Alleenstraße auf Rügen im Morgendunst, Foto: **Shutterstock.com** (Nikolaj Alexander)
Rücktitel: Seebrücke Sellin, Foto **stock.adobe.com** (JFL Photography)
Illustrationen Kartografie: Shutterstock, Adobe Stock, iStock, The Noun Project

AWL Images: Christian Mueringer 140/141; Cornelia Doerr Photodesign 143; **Getty Images**: F1online RM 9; Francesco Vaninetti Photo 82/83; Martin Ruegner 56/57; Moment/Lothar Knopp 24/25; Westend61 156/157, 185; **HUBER IMAGES**: Andreas Vitting 7, 41; Christian Bäck 20, 94/95, 98/99, 101, 104; Francesco Carovillano 25.2, 40/41, 68/69, 79, 80, 81, 89, 106/107; Frank Lukasseck 23, 28/29, 33; Hans-Peter Merten 22; Hans-Peter Szyszka 158/159; Reinhard Schmid U5/U6, 34/35, 36/37, 73; Sabine Lubenow 4, 105; Uwe Niehuus 144, 146/147, 148/149, 152/153, 181; **imago**: Andre Gschweng 112; F. Berger 172/173; **Fotoagentur Nordlicht** 24.2; Hans Blossey 46; imagebroker 51; Reinhard Balzerek 26.1; Shotshop 84; Volker Preußer 90; Werner Otto 129; Zoonar 13; **laif**: Bernd Jonkmanns 128/129; Gerhard Westrich 136; Gregor Lengler 15; Thomas Grabka 142; Thomas Rötting 48/49; **lookphotos**: Harald Obergrusberger 124/125, 130/131; Heinz Wohner 150/151; Sabine Lubenow 108; Thomas Grundner 14; **mauritius images**: Arterra Picture Library/Alamy Stock Photos 62; Catharina Lux 184; Christian Müller/Alamy 170; Christina Hanck/Alamy 102/103; Hans Blossey 43; Roland T. Frank 39; Johannes Heuckeroth 161; **picture alliance**: Bernd Wüstneck U7, 24.1, 25.1, 91; dpa-Zentralbild 175; DUMONT Bildarchiv 19; Jens Büttner 28.2; Stefan Sauer 27.1, 29.2; **seasons.agency**: GourmetPictureGuide 21; Gräfe & Unzer Verlag/Klaus-Maria Einwanger 28.1; Jalag/Natalie Kriwy 92/93; **Shutterstock.com**: U3/U4; 26/27, 26.2, 27.2, 29.1, 44/45, 45, 47, 61, 63, 65, 96/97, 134, 138/139, 139, 154; **stock.adobe.com**: 10/11, 12, 17, 18, 50/51, 53, 54, 58, 64/65, 66/67, 70, 71, 74/75, 76/77, 86, 87, 88/89, 110/111, 114/115, 116, 117, 118/119, 120/121, 123, 126, 132, 133, 166/167, 169, 176, 178/179, 182/183, Faltkarte; **Thomas Reich, bilderreich.de**: 30

Yes we camp! Der kulinarische Campingführer präsentiert rund 150 Landgasthöfe, Weingüter und andere Gastgeber aus Deutschland und Österreich, die Wohnmobil-Reisende und Camper mit offenen Armen empfangen. Ihr besonderes Angebot: Sie dürfen eine Nacht auf dem Gelände in ihrem Wohnmobil **übernachten – kostenlos bei allen teilnehmenden Gasthöfen mit der Vignette** im Buch.

Überall, wo es Bücher gibt oder auf holiday-books.de bestellen.

Scannen und
mehr erfahren!

PIN CAMP

powered by ADAC

ADAC Service Mecklenburg-Vorpommern

Beim **ADAC Info-Service**, in den **ADAC Geschäftsstellen** sowie auf dem **Internetportal des ADAC** (adac.de) erhalten Sie Informationen zu den Dienstleistungen des Automobilclubs und zu Ihrem Reiseziel. In der ADAC Trips App (adac.de/services/apps/trips, siehe Seite 9) finden Sie Infos zu allen Touren und Sehenswürdigkeiten.
Als **ADAC Mitglied** können Sie das kostenlose **ADAC Toursets® Ostsee Mecklenburg-Vorpommern** und **Mecklenburgische Seenplatte** (adac.de/reise-freizeit/reiseplanung/tourset) mit vielen Reiseinfos und Karten anfordern. Bei Pannen und Notfällen steht Ihnen unser Team rund um die Uhr telefonisch und digital (adac.de/hilfe und ADAC Pannenhilfe App) zur Verfügung.

ADAC Info-Service
T 089 558 95 96 97
Infos zu allen ADAC Leistungen
(Mo–Sa 8–20 Uhr, gebührenfrei)

ADAC Ambulanzdienst
T +49 89 76 76 76
(Erkrankung, Unfall, Verletzung, Transportfragen, Todesfall)

ADAC Pannenhilfe Deutschland
T 089 20 20 40 00, Mobil 22 22 22
(Verbindungskosten je nach Netzbetreiber/Provider)

ADAC Pannenhilfe Ausland
T +49 89 22 22 22
(Verbindungskosten je nach Netzbetreiber/Provider)

Online-Angebote des ADAC für Ihre Reiseplanung

Service	Webadresse
Reiseinspirationen, -planung und -hinweise	adac.de/reise-freizeit/reiseplanung
Aktuelle Verkehrslage	adac.de/verkehr
Individuelle Routenplanung	adac.de/maps
Infos zu Tankstellen und Spritpreisen	adac.de/tanken
Infos zu mautpflichtigen Strecken	adac.de/reise-freizeit/maut-vignette
Infos zu Fährverbindungen	adac.de/faehren
Aktuelle Infos vor Reiseantritt	adac.de/tourmail
Informationen für Camper	adac.de/camping
Informationen für Motorrad- und Oldtimerfahrer	adac.de/reise-freizeit/reisen-motorrad-oldtimer
Informationen für Segler und Skipper	skipper.adac.de
ADAC Reiseangebote	adacreisen.de
ADAC Autovermietung	adac.de/autovermietung
ADAC Versicherungen für den Urlaub	adac.de/versicherungen
Weltweite Preisvorteile für ADAC Mitglieder	adac.de/vorteile-international
Telemedizinische Beratung	adac.de/meinmedical

IMPRESSUM

ADAC

Markenlizenz der ADAC Medien und Reise GmbH, München

ISBN 978-3-98645-076-2

1. Auflage 2023

Autorin: Katja Gartz
Text Umschlagklappe hinten: Dr. Carsten Drecoll
Projektleitung: Benjamin Happel
Redaktion: Benjamin Happel, Juliane Helf, Julia Hirner
Lektorat und Satz: Thomas Rach, www.bintang-berlin.de
Bildredaktion: Petra Ender, Nora Goth, Dr. Nafsika Mylona
Schlusskorrektur: Katharina Grimm, www.bintang-berlin.de
Umschlaggestaltung und Layout: ZERO Werbeagentur
Kartografie: Huber Kartographie GmbH, www.kartographie.de (Planungskarte); Katharina Grimm, www.bintang-berlin.de (Innenkarten)
Herstellung: Felix Robitsch
Druck + Bindung: Florjancic tisk d.o.o., Maribor

GRÄFE UND UNZER

Ein Unternehmen der
GANSKE VERLAGSGRUPPE

Wichtiger Hinweis
Die Daten und Fakten für dieses Werk wurden mit äußerster Sorgfalt recherchiert und geprüft. Wir weisen jedoch darauf hin, dass diese Angaben häufig Veränderungen unterworfen sind und inhaltliche Fehler oder Auslassungen nicht völlig auszuschließen sind, zumal zum Zeitpunkt der Drucklegung die Auswirkungen von Covid-19 auf das Hotel- und Gastgewerbe vor Ort noch nicht vollständig abzusehen waren. Für eventuelle Fehler oder Auslassungen können Gräfe und Unzer, die ADAC Medien und Reise GmbH sowie deren Mitarbeiter und die Autoren keinerlei Verpflichtung und Haftung übernehmen.
Alle Inhalte im Buch wenden sich an und gelten für alle Geschlechter (w/m/d). Soweit grammatikalisch männliche, weibliche oder neutrale Personenbezeichnungen verwendet werden, dient dies allein der besseren Lesbarkeit.

Ansprechpartner für den Anzeigenverkauf:
KV Kommunalverlag GmbH & Co. KG,
MediaCenter München, Tel. 089/928 09 60

Bei Interesse an maßgeschneiderten B2B-Produkten:
b2b-kontakt@graefe-und-unzer.de

Leserservice
GRÄFE UND UNZER Verlag
Grillparzerstraße 12
81675 München
www.graefe-und-unzer.de

Umwelthinweis
Nachhaltigkeit ist uns sehr wichtig. Der Rohstoff Papier ist in der Buchproduktion hierfür von entscheidender Bedeutung. Daher ist dieses Buch auf PEFC-zertifiziertem Papier gedruckt. PEFC garantiert, dass ökologische, soziale und ökonomische Aspekte in der Verarbeitungskette unabhängig überwacht werden und lückenlos nachvollziehbar sind.

Barlachstadt Güstrow
Charmant
verführerisch
Entdecken Sie eine echte Perle in Norddeutschland!
• malerische Altstadt • stolzes Schloss • Ernst Barlach • stilvolle Plätze • alte Bürgerhäuser gemütliche Cafés • viel Wasser und Grün •
www.guestrow-tourismus.de